Kuchnia ajurwedyjska

1200 dni zdrowych przepisów na zdrowie i równowagę dzięki kuchni ajurwedyjskiej

Sandra Kucharska

Materiały chronione prawami autorskimi ©2023

Wszelkie prawa zastrzeżone

Żadna część tej książki nie może być używana ani przekazywana w jakiejkolwiek formie i w jakikolwiek sposób bez odpowiedniej pisemnej zgody wydawcy i właściciela praw autorskich, z wyjątkiem krótkich cytatów użytych w recenzji. Tej książki nie należy traktować jako substytutu porady medycznej, prawnej ani innej profesjonalnej porady.

Sommario

DANIE GŁÓWNE: ROŚLINY Strączkowe I Zboża 136

WSTĘP

Gotowanie ajurwedyjskie to starożytna indyjska praktyka, która kładzie nacisk na stosowanie całej, naturalnej żywności w celu promowania równowagi i dobrego samopoczucia. Kuchnia ajurwedyjska zawiera 100 zdrowych przepisów, które łączą tradycyjne zasady ajurwedy z nowoczesnymi technikami gotowania i składnikami.

Od śniadania po kolację, ta książka kucharska oferuje różnorodne potrawy, które są zarówno odżywcze, jak i pyszne. Przepisy obejmują kitchari, jednogarnkowy posiłek z ryżu i soczewicy, złote mleko, rozgrzewający i kojący napój z kurkumy oraz warzywne curry z przyprawami, takimi jak kminek i kolendra.

Każdy przepis opatrzony jest kolorowym zdjęciem i zawiera informacje o konkretnych zaletach użytych składników. Oprócz przepisów, ta książka kucharska zawiera wprowadzenie do zasad ajurwedy i ich zastosowania w gotowaniu i jedzeniu, a także wskazówki, jak zaopatrywać ajurwedyjską spiżarnię.

Niezależnie od tego, czy jesteś nowicjuszem w Ajurwedzie, czy doświadczonym praktykiem, Książka kucharska Ajurwedy jest cennym źródłem informacji, które pomogą Ci wprowadzić tę starożytną praktykę do codziennego życia i osiągnąć zdrowie i równowagę poprzez dietę.

<u>**Jak jeść dla swojej doszy**</u>

Filary Ajurwedy to spożywanie zdrowych, pełnowartościowych posiłków i zwracanie uwagi na swoją doszę, ponieważ zdrowie opiera się na równowadze umysłu, ciała i ducha. Ta delikatna równowaga jest osiągana poprzez przestrzeganie zasad, które przypominają nam, że jesteśmy istotami samoleczącymi się i że możemy zachować lub przywrócić dobre zdrowie poprzez wybór terapeutycznej żywności, zrównoważony styl życia i wewnętrzny spokój.

Dosze są obecne w każdym z nas, ale zawsze jest jedna dosza, która jest bardziej dominująca i powinna być równoważona przez pozostałe dwie, aby osiągnąć optymalne zdrowie. Możesz to osiągnąć, jedząc pokarmy specyficzne dla dosha, aby napędzać organizm i promować równowagę oraz unikać posiłków, które powodują brak równowagi. Brak równowagi jest źródłem wielu chorób i problemów zdrowotnych, w tym złego trawienia, bezsenności, niepokoju, chorób skóry i innych.

Według Ajurwedy wszechświat składa się z pięciu elementów:
- Waju/Powietrze
- Jala/Woda
- Akash/Przestrzeń
- Teja/Ogień
- Prithvi/Ziemia

Elementy te łączą się, tworząc trzy różne dosze lub energie życiowe:

a. <u>Vata/Przestrzeń i powietrze</u>

Vata są energiczni, kreatywni i ekspresyjni. Mają tendencję do lekkich podkładów z chudymi ramami. Ta dosha cierpi na niepokój i słabość, gdy nie jest w równowadze.

b. <u>Pitta/Ogień i woda</u>

Pitta to ludzie inteligentni, ambitni i bystrzy. Śpią głęboko przez krótkie okresy, mają atletyczną budowę ciała i zwykle są ciepłe. Brak równowagi Pitta może powodować wysypki skórne, zgagę i niestrawność.

c. <u>Kapha/woda i ogień</u>

Kapha są opiekuńcze, spokojne i troskliwe. Dobrze śpią, cenią sobie rutynę i mają mocne ciała. Kiedy ta dosza nie jest zrównoważona, może mieć nadwagę, melancholię i nadmiernie spać.

<u>**Pokarmy do spożycia (wegańskie i bezglutenowe)**</u>

wata
a. **Owoce**:Jabłka, banany, jagody, mango, brzoskwinie, ananasy, daktyle i figi
b. **Ziarna**:quinoa, ryż i owies
c. **Warzywa**:słodkie ziemniaki, szparagi, buraki, marchew, cebula, rzodkiewka, rzepa i fasolka szparagowa
d. **rośliny strączkowe**:czerwona soczewica, ciecierzyca i fasola mung
e. **Mleczarnia**:wegańskie masło, wegański ser i wegańskie mleko
f. **Orzechy i nasiona**:wszystkie orzechy i nasiona
g. **Zioła i przyprawy**:wszystkie zioła i przyprawy

Rodzaj chleba
a. **Owoce**:słodkie i dojrzałe owoce, takie jak banany, melony, wiśnie, kokosy, pomarańcze, gruszki, ananasy, śliwki i rodzynki
b. **Ziarna**:quinoa, owies, pszenica i biały ryż
c. **Warzywa**:szparagi, grzyby, brokuły, kapusta, marchew, kalafior, ogórki, fasolka szparagowa, warzywa liściaste, groszek, ziemniaki, dynia i słodkie ziemniaki
d. **rośliny strączkowe**:czarna fasola, ciecierzyca, fasola, soczewica i fasola mung
e. **Mleczarnia**:wegańskie masło, wegański ser, wegańskie ghee i wegańskie mleko
f. **Orzechy i nasiona**:łuskane migdały, kokos i siemię lniane
g. **Zioła i przyprawy**:bazylia, cynamon, imbir, mięta, szafran i kurkuma

kapha

a. **Owoce**:jabłka, morele, jagody, gruszki, granaty, suszone figi, suszone śliwki i rodzynki.
b. **Ziarna**:gryka, kukurydza, proso i suchy owies
c. **Warzywa**: szparagi, buraki, brokuły, kapusta, marchew, kalafior, bakłażan, czosnek, warzywa liściaste, grzyby, cebula, groszek, papryka, ziemniaki i rzodkiewki
d. **rośliny strączkowe**:większość jest do przyjęcia, w tym czarna fasola, ciecierzyca, soczewica i biała fasola
e. **Mleczarnia**:Mleko sojowe
f. **Orzechy i nasiona**:pestki słonecznika, pestki dyni i siemię lniane
g. **Zioła i przyprawy**:wszystkie zioła i przyprawy

<u>Żywność, której należy unikać</u>

wata
a. **Owoce**:suszone daktyle, suszone figi, rodzynki, suszone śliwki, surowe jabłka, żurawina, gruszki, granaty i arbuz
b. **Ziarna**:gryka, kukurydza, proso, komosa ryżowa i pszenica
c. **Warzywa**:mrożone lub surowe warzywa, a także gotowane brokuły, kalafior, grzyby, ziemniaki i pomidory
d. **Mięso**:królik, jagnięcina, wieprzowina i dziczyzna
e. **rośliny strączkowe**:fasola i ciecierzyca
f. **Mleczarnia**:Jogurt

Rodzaj chleba
a. **Owoce**:większość kwaśnych owoców, w tym grejpfrut, jagody, winogrona, cytryna i rabarbar
b. **Ziarna**:kukurydza, proso i ryż
c. **Warzywa**:czosnku, buraków, papryczek chili, bakłażana, cebuli i pomidorów
d. **Drób**:kaczka
e. **Ryby i owoce morza**:ryba morska
f. **Mięso**:wołowina, jagnięcina i wieprzowina
g. **rośliny strączkowe**:soja
h. **Mleczarnia**:solone masło, twardy ser, śmietana i jogurt
i. **Orzechy i nasiona**:migdały ze skórką, orzechy nerkowca, nasiona chia, orzechy laskowe, orzeszki ziemne, pekan, pistacje, sezam i orzechy włoskie
j. **Zioła i przyprawy**:liść laurowy, cayenne, czosnek, gałka muszkatołowa, papryka, rozmaryn, szałwia, tymianek

kapha

a. **Owoce:** banany, orzechy kokosowe, daktyle, grejpfrut, kiwi, pomarańcze, śliwki i arbuz
b. **Ziarna:** gotowany owies, ryż i pszenica
c. **Warzywa:** ogórek, oliwki, dynia, bataty i cukinia
d. **Drób:** kaczka i ciemny indyk
e. **Ryby i owoce morza:** ryba.
f. **Mięso:** wołowina, jagnięcina, wieprzowina
g. **rośliny strączkowe:** soja, fasola i miso
h. **Mleczarnia:** masło, ser, mleko i jogurt
i. **Orzechy i nasiona:** orzechy nerkowca, orzechy laskowe, orzeszki ziemne, pekan, pistacje, sezam i orzechy włoskie
j. **Zioła i przyprawy:** sól

ŚNIADANIE I BRUNCH

15

ŚNIADANIE I BRUNCH

1. Naleśniki Gryczane

Porcje: 3 naleśniki

SKŁADNIKI:
- $\frac{1}{2}$ szklanki wody
- $\frac{1}{4}$ łyżeczki imbiru w proszku
- 1 łyżeczka mielonego siemienia lnianego
- $\frac{1}{2}$ szklanki kaszy gryczanej
- $\frac{1}{2}$ łyżeczki cynamonu
- Wegańskie masło do gotowania

INSTRUKCJE:
a) Wymieszaj wszystkie składniki w misce. Pozostaw mieszaninę na 8-10 minut.

b) Gdy wszystko będzie gotowe, umieść wegańskie masło na patelni na średnim ogniu.

c) Weź trzy łyżki ciasta i rozprowadź je cienko grzbietem łyżki.

d) Kiedy na wierzchu zaczną pojawiać się bąbelki, ostrożnie odwróć naleśnik i smaż przez kilka minut z drugiej strony.

2. Uzdrawiające śniadanie Lassi

Porcje: 2 porcji

SKŁADNIKI:

- $\frac{1}{2}$ szklanki jogurtu kokosowo-migdałowego
- $\frac{1}{2}$ szklanki oczyszczonej wody filtrowanej lub źródlanej
- 1 daktyle Medjool bez pestek
- szczypta kurkumy w proszku
- szczypta cynamonu w proszku
- szczypta kardamonu w proszku
- Opcjonalnie 3 znamiona szafranu

INSTRUKCJE:

a) Umieść wszystkie składniki w blenderze i pulsuj przez 2
   minuty, aż będą gładkie.
b) Wypij natychmiast.

Robi: 4

SKŁADNIKI:

- 1 szklanka prosa
- 1 szklanka nieprażonej kaszy gryczanej
- $\frac{1}{4}$ szklanki siemienia lnianego
- $\frac{1}{4}$ szklanki rozdrobnionych niesłodzonych płatków kokosowych
- 2 łyżki melasy lub agawy
- 2 łyżki nierafinowanego oleju kokosowego
- $\frac{1}{2}$ łyżeczki soli
- 1 łyżeczka mielonego cynamonu
- 1 skórka pomarańczowa
- $\frac{1}{4}$ szklanki nasion słonecznika
- Syrop czekoladowy

INSTRUKCJE:

a) Umieść proso, grykę i len w naczyniu i dodaj wodę; odstawić na noc, a następnie odcedzić.

b) Umieść ziarna w blenderze z taką ilością wody, aby przykryła ziarna.

c) Połącz pozostałe składniki, z wyjątkiem nasion słonecznika.

d) Miksuj, aby powstało gęste ciasto.

e) Umieść trochę ciasta w gorącej gofrownicy.

f) Ciasto posypujemy pestkami słonecznika i pieczemy zgodnie z instrukcją producenta.

g) Podawaj z ulubionymi dodatkami lub bez.

4. Tofu i Jarmuż mieszają się

Tworzy: 2

SKŁADNIKI:

- 2 szklanki jarmużu, posiekanego
- 2 łyżki oliwy z oliwek
- 8 uncji wyjątkowo twardego tofu, odsączonego i pokruszonego
- $\frac{1}{4}$ czerwonej cebuli, cienko pokrojonej
- $\frac{1}{2}$ czerwonej papryki, cienko pokrojonej

SOS

- Woda
- $\frac{1}{4}$ łyżki kurkumy
- $\frac{1}{2}$ łyżki soli morskiej
- $\frac{1}{2}$ łyżki mielonego kminku
- $\frac{1}{2}$ łyżki czosnku w proszku
- $\frac{1}{4}$ łyżki chili w proszku

DO SERWOWANIA

- Ziemniaki śniadaniowe lub tosty
- Salsa
- Kolendra
- Ostry sos

INSTRUKCJE:

SOS

a) Połącz suche przyprawy w naczyniu z taką ilością wody, aby powstał lejący się sos. Odłóż na bok.

b) Na patelni rozgrzej oliwę z oliwek i zeszklij cebulę i czerwoną paprykę.

c) Wymieszaj warzywa i dopraw odrobiną soli i pieprzu.

d) Gotuj przez 5 minut lub do momentu, aż zmiękną.

e) Dodaj jarmuż i przykryj przez 2 minuty, aby odparować.

f) Przenieś warzywa na jedną stronę patelni i dodaj tofu.

g) Po 2 minutach dodaj sos i szybko wymieszaj, aby równomiernie rozprowadzić sos.

h) Gotuj przez dodatkowe 6 minut lub do momentu, aż tofu będzie lekko rumiane.

i) Podawać z ziemniakami śniadaniowymi lub pieczywem.

5. Płatki owsiane z owocami i komosą ryżową

Tworzy: 1

SKŁADNIKI:

- ¼ szklanki płatków bezglutenowych płatków owsianych
- ¼ szklanki ugotowanej komosy ryżowej
- 2 łyżki naturalnego wegańskiego białka waniliowego w proszku
- 1 łyżka mielonego siemienia lnianego
- 1 Łyżki cynamonu
- ¼ banana, rozgniecionego
- Kilka kropli płynnej stewii
- ¼ szklanki malin
- ¼ szklanki jagód
- ¼ szklanki pokrojonych w kostkę brzoskwiń
- ¾ szklanki niesłodzonego mleka migdałowego

DODATKI:

- prażony kokos
- masło migdałowe
- migdały
- suszone owoce
- świeże owoce

INSTRUKCJE:

a) Połącz płatki owsiane, komosę ryżową, białko w proszku, mielony len i cynamon i wymieszaj

b) Dodaj rozgniecionego banana, stewię, jagody i brzoskwinie.

c) Dodać mleko migdałowe i połączyć składniki.

d) Przechowywać w lodówce przez noc.

e) Podawać na zimno!

6. <u>Płatki jabłkowe</u>

Porcja: 1 porcja

SKŁADNIKI:

- 1 jabłko
- 1 gruszka
- 2 łodygi selera
- 1 łyżka wody
- Szczypta cynamonu

INSTRUKCJE:

a) Jabłko, gruszkę i seler pokroić na kawałki i wrzucić do blendera.

b) Zmiksuj owoce i warzywa z wodą do uzyskania gładkiej konsystencji.

c) Jeśli lubisz, dopraw cynamonem.

7. <u>Paratha Faszerowana Kalafiorem</u>

Robi: 12

SKŁADNIKI:

- 2 szklanki startego kalafiora
- 1 łyżeczka grubej soli morskiej
- ½ łyżeczki garam masali
- ½ łyżeczki kurkumy w proszku
- 1 partiabezglutenoweCiasto Roti

INSTRUKCJE:

a) W głębokiej misce wymieszaj kalafior, sól, garam masala i kurkumę.

b) Weź porcję wielkości piłki golfowej z ciasta roti i rozwałkuj ją między dłońmi.

c) Rozpłaszcz go w dłoniach i rozwałkuj na desce.

d) Umieść łyżkę nadzienia kalafiorowego na środku ciasta.

e) Złóż wszystkie boki tak, aby spotkały się na środku.

f) Odkurzyć kwadratmąka bezglutenowa.

g) Rozwałkuj ponownie, aż będzie cienki i okrągły.

h) Rozgrzej patelnię, następnie dodaj parathas i smaż przez 30 sekund lub do momentu, aż będzie twarda.

i) Odwróć i gotuj przez 30 sekund.

j) Smażymy na oleju i smażymy, aż z obu stron lekko się zarumienią.

8. Paratha Nadziewana Szpinakiem

Sprawia, że: 20–24

SKŁADNIKI:

- 1 szklanka wody
- 3 filiżankibezglutenowemąka paratha
- 2 szklanki świeżego szpinaku, przycięte i drobno posiekane
- 1 łyżeczka grubej soli morskiej

INSTRUKCJE:

a) W robocie kuchennym zmiksuj mąkę bezglutenową i szpinak.

b) Dodaj wodę i sól i mieszaj, aż ciasto stanie się lepkie.

c) Ugniataj przez kilka minut na powierzchni, aż będzie gładka.

d) Weź kawałek ciasta wielkości piłki golfowej i rozwałkuj go między dłońmi.

e) Rozwałkuj go na powierzchni po naciśnięciu między dłońmi, aby nieco go spłaszczyć.

f) Smaż na grubej patelni przez 30 sekund przed odwróceniem.

g) Dodaj olej i smaż, aż wszystkie strony będą dokładnie rumiane.

9. <u>Lecznicza popękana pszenica z orzechami nerkowca</u>

Porcje: 3 Porcje

SKŁADNIKI:

- Sok z 1 cytryny
- 1 szklanka popękanej pszenicy
- ½ żółtej lub czerwonej cebuli, obranej i pokrojonej w kostkę
- 1 łyżeczka grubej soli morskiej
- 2 szklanki wrzącej wody
- 1 marchewka, obrana i pokrojona w kostkę
- 1 łyżka oleju
- 1 papryczka tajska, serrano lub cayenne,
- ¼ szklanki surowych orzechów nerkowca, uprażonych na sucho
- 1 łyżeczka nasion gorczycy czarnej
- 4 liście curry, grubo posiekane
- ½ szklanki groszku, świeżego lub mrożonego

INSTRUKCJE:

a) Piecz na sucho popękaną pszenicę przez 7 minut lub do zrumienienia.

b) W dużym, ciężkim rondlu rozgrzej olej.

c) Dodaj ziarna gorczycy i gotuj przez 30 sekund lub do momentu, aż zaczną skwierczeć.

d) Podsmaż liście curry, cebulę, marchewkę, groszek i chili przez 3 minuty.

e) Dodaj popękaną pszenicę, orzechy nerkowca i sól i dokładnie wymieszaj.

f) Do mieszaniny dodać wrzącą wodę.

g) Gotować bez pokrywki, aż płyn całkowicie się wchłonie.

h) Pod sam koniec gotowania dodać sok z cytryny.

i) Odstawić na 15 minut, aby smaki się połączyły.

10. Naleśniki z Grama i Soczewicy

Robi: 3

SKŁADNIKI:

- $\frac{1}{2}$ cebuli, obranej i przekrojonej na pół
- 1 szklanka brązowego ryżu basmati, namoczonego
- 2 łyżki podzielonego grama, namoczonego
- $\frac{1}{2}$ łyżeczki nasion kozieradki, namoczonych
- $\frac{1}{4}$ szklanki całej czarnej soczewicy ze skórką, namoczonej
- 1 łyżeczka grubej soli morskiej, podzielona
- Olej, do smażenia na patelni
- $1\frac{1}{2}$ szklanki wody

INSTRUKCJE:

a) Ugotuj soczewicę i ryż z wodą.

b) Pozostaw ciasto do wyrośnięcia na 6 do 7 godzin w lekko ciepłym miejscu.

c) Rozgrzej patelnię na średnim ogniu.

d) Rozgrzej 1 łyżeczkę oleju na patelni.

e) Gdy patelnia się rozgrzeje, wbić widelec w nie przekrojoną, zaokrąglona część cebuli.

f) Pocieraj pokrojoną połowę cebuli w tę iz powrotem po patelni, trzymając rączkę widelca.

g) Trzymaj małą miskę oleju z boku z łyżką do późniejszego użycia.

h) Ciasto nakładać chochlą na środek gorącej, nagrzanej wcześniej patelni.

i) Wykonuj powolne ruchy zgodnie z ruchem wskazówek zegara tylną częścią chochli od środka do zewnętrznej krawędzi patelni, aż ciasto stanie się cienkie i przypomina naleśnik.

j) Łyżką wlej cienką strużkę oleju do okręgu wokół ciasta.

k) Gotuj dosę, aż będzie lekko zrumieniona.

l) Odwróć i smaż również z drugiej strony.

m) Podawaj z pikantnymi ziemniakami jeera lub cytryną, chutneyem kokosowym i sambharem.

11. **Lecznicze naleśniki z mąki z ciecierzycy**

Robi: 8

SKŁADNIKI:
- $\frac{1}{2}$ łyżeczki mielonej kolendry
- $\frac{1}{2}$ łyżeczki kurkumy w proszku
- 2 zielone papryczki tajskie, serrano lub cayenne, posiekane
- $\frac{1}{4}$ szklanki suszonych liści kozieradki
- 2 szklanki gram mąki
- 1 łyżeczka czerwonego chili w proszku lub cayenne
- Olej, do smażenia na patelni
- 1-częściowy korzeń imbiru, obrany i starty lub posiekany
- $\frac{1}{2}$ szklanki świeżej kolendry, posiekanej
- 1 łyżeczka grubej soli morskiej
- $1\frac{1}{2}$ szklanki wody
- 1 cebula, obrana i posiekana

INSTRUKCJE:

a) W dużej misce wymieszaj gram mąki i wodę, aż będą gładkie. Odłożyć na bok.

b) Wymieszaj pozostałe składniki, z wyjątkiem oleju.

c) Rozgrzej patelnię na średnim ogniu.

d) Rozprowadź $\frac{1}{2}$ łyżeczki oleju na patelni.

e) Wlać ciasto na środek patelni.

f) Rozprowadzaj ciasto okrężnymi ruchami zgodnie z ruchem wskazówek zegara od środka na zewnątrz patelni tylną częścią chochli, aby zrobić cienki, okrągły naleśnik.

g) Smaż poora przez około 2 minuty z jednej strony, a następnie przewróć go, aby usmażył się po drugiej stronie.

h) Dociśnij szpatułką, aby upewnić się, że środek jest również upieczony.

i) Podawaj z dodatkiem mięty lub brzoskwini.

12. <u>Naleśniki z Kremem Ryżowym</u>

Porcje: 6 porcji

SKŁADNIKI:

- 3 szklanki śmietanki ryżowej
- 2 szklanki niesłodzonego zwykłego jogurtu sojowego
- 3 szklanki wody
- 1 łyżeczka grubej soli morskiej
- $\frac{1}{2}$ łyżeczki mielonego czarnego pieprzu
- $\frac{1}{2}$ łyżeczki czerwonego chili w proszku lub cayenne
- $\frac{1}{2}$ żółtej lub czerwonej cebuli, obranej i pokrojonej w drobną kostkę
- 1 posiekana zielona tajska, serrano lub cayenne chile
- Olej do smażenia na patelni odstawić w naczyniu
- $\frac{1}{2}$ cebuli, obranej i przekrojonej na pół

INSTRUKCJE:

a) Połącz śmietanę z ryżu, jogurtu, wody, soli, czarnego pieprzu i czerwonego chili w dużej misce do mieszania i odstaw na 30 minut, aby lekko sfermentowało.

b) Dodaj cebulę i chili i delikatnie wymieszaj.

c) Rozgrzej patelnię na średnim ogniu.

d) Na patelni rozgrzać 1 łyżeczkę oleju.

e) Gdy patelnia się rozgrzeje, wbić widelec w nie przekrojoną, zaokrągloną część cebuli.

f) Przetrzyj pokrojoną połowę cebuli w tę i z powrotem po patelni.

g) Trzymaj cebulę z włożonym widelcem pod ręką, aby użyć jej między kolejnymi porcjami.

h) Wlej wystarczającą ilość ciasta na środek gorącej, przygotowanej patelni.

i) Wykonuj powolne ruchy zgodnie z ruchem wskazówek zegara tylną częścią chochli od środka do zewnętrznej krawędzi patelni, aż ciasto stanie się cienkie i przypomina naleśnik.

j) Łyżką wlej cienką strużkę oleju do okręgu wokół ciasta.

k) Gotuj dosę, aż lekko się zrumieni i zacznie odchodzić od patelni.

l) Smażymy również z drugiej strony.

13. <u>Mieszanka Masala Tofu</u>

Porcje: 2 Porcje

SKŁADNIKI:

- 14-uncjowe opakowanie wyjątkowo twardego organicznego tofu, pokruszone
- 1 łyżka oleju
- 1 łyżeczka nasion kminku
- ½ cebuli, obranej i posiekanej
- 1-częściowy korzeń imbiru, obrany i starty
- 1 posiekana zielona tajska, serrano lub cayenne chile
- ½ łyżeczki kurkumy w proszku
- ½ łyżeczki czerwonego chili w proszku lub cayenne
- ½ łyżeczki grubej soli morskiej
- ½ łyżeczki czarnej soli
- ¼ szklanki świeżej kolendry, posiekanej

INSTRUKCJE:

a) Rozgrzej olej w ciężkim, płaskim rondlu na średnim ogniu.

b) Dodaj kminek i gotuj przez 30 sekund lub do momentu, aż nasiona zaczną skwierczeć.

c) Dodaj cebulę, korzeń imbiru, chili i kurkumę.

d) Smaż i smaż przez 2 minuty, często mieszając.

e) Dokładnie wymieszaj z tofu.

f) Dopraw czerwonym chili w proszku, solą morską, czarną solą i kolendrą.

g) Dokładnie połączyć.

h) Podawać z grzankami lub zawinięte w gorące roti lub paratha.

14. <u>Naleśniki z nasionami karomu</u>

Robi: 4

SKŁADNIKI:

- 1 szklanka mąki bezglutenowej
- 2 łyżki oleju roślinnego
- 1 szklanka jogurtu sojowego
- $\frac{1}{4}$ czerwonej cebuli, obranej i drobno posiekanej
- Sól dla smaku
- W razie potrzeby woda w temperaturze pokojowej
- $\frac{1}{4}$ łyżeczki proszku do pieczenia
- $\frac{1}{4}$ łyżeczki nasion karomu
- 1 czerwona papryka, pozbawiona nasion i drobno posiekana
- $\frac{1}{2}$ pomidora, pozbawionego nasion i drobno posiekanego

INSTRUKCJE:

a) Połącz mąkę, jogurt sojowy i sól; Dobrze wymieszać.

b) Dodaj tyle wody, aby uzyskać konsystencję ciasta naleśnikowego.

c) Dodaj proszek do pieczenia. Odłożyć na bok.

d) W misce wymieszaj nasiona karomu, cebulę, paprykę i pomidory.

e) Rozgrzej patelnię z kilkoma kroplami oleju.

f) Umieść $\frac{1}{4}$ szklanki ciasta na środku patelni.

g) Gdy naleśnik jest jeszcze wilgotny, dodaj posypkę.

h) Skrop kilka kropli oleju na brzegach.

i) Odwróć naleśnik i smaż przez kolejne 2 minuty.

j) Podawać na gorąco.

15. <u>Lecznicze smoothie z moreli i bazylii</u>

Robi: 1 koktajl

SKŁADNIKI

- 4 świeże morele
- kilka listków świeżej bazylii
- ½ szklanki wiśni
- 1 szklanka wody

INSTRUKCJE

a) Zmiksuj wszystkie składniki w blenderze.
b) Cieszyć się.

16. <u>Jaggery Naleśniki</u>

Przepis na: 8 naleśników

SKŁADNIKI:

- 1 filiżankabezglutenowemąka
- ½ szklanki jaggery
- ½ łyżeczki nasion kopru włoskiego
- 1 szklanka wody

INSTRUKCJE:

a) Połącz wszystkie składniki w dużej misce i odstaw na co najmniej 15 minut.

b) Na średnim ogniu rozgrzej lekko naoliwioną patelnię lub patelnię.

c) Wlać lub nabrać ciasto na patelnię.

d) Lekko rozprowadź ciasto tylną częścią chochli, wykonując ruch zgodny z ruchem wskazówek zegara od środka, nie rozcieńczając go zbytnio.

e) Smażymy z obu stron i od razu podajemy.

17. <u>Owsianka Orzechowa</u>

Tworzy: 5

SKŁADNIKI:
- ½ szklanki pekanów
- ½ szklanki migdałów
- ¼ szklanki nasion słonecznika
- ¼ szklanki nasion chia
- ¼ szklanki niesłodzonych płatków kokosowych
- 4 szklanki niesłodzonego mleka migdałowego
- ½ łyżeczki cynamonu w proszku
- ¼ łyżeczki imbiru w proszku
- 1 łyżeczka sproszkowanej stewii
- 1 łyżka masła migdałowego

INSTRUKCJE:
a) Zmiksuj pekan, migdały i nasiona słonecznika w robocie kuchennym.
b) Na patelni dodaj mieszankę orzechów, nasiona chia, płatki kokosowe, mleko migdałowe, przyprawy i stewię i delikatnie zagotuj; gotować przez 20 minut.
c) Podawać z kleksem masła migdałowego.

18. <u>Quinoa cynamonowa z brzoskwiniami</u>

Robi: 6

SKŁADNIKI:

- Spray do gotowania
- 2 ½ szklanki wody
- ½ łyżeczki mielonego cynamonu
- 1½ szklanki beztłuszczowej pół na pół
- 1 szklanka niegotowanej komosy ryżowej, opłukanej i odsączonej
- ¼ szklanki) cukru
- 1½ łyżeczki ekstraktu waniliowego
- 2 szklanki mrożonych, niesłodzonych plasterków brzoskwiń
- ¼ szklanki posiekanych orzechów pekan, uprażonych na sucho

INSTRUKCJE:

a) Pokryj powolną kuchenkę sprayem do gotowania.

b) Napełnij wodą i gotuj quinoa z cynamonem przez 2 godziny na niskim poziomie.

c) W osobnej misce wymieszaj pół na pół, cukier i esencję waniliową.

d) Komosę ryżową przełożyć do miseczek.

e) Dodaj brzoskwinie na wierzchu, a następnie mieszankę pół na pół i orzechy pekan.

19. <u>Owsianka z komosy ryżowej</u>

Tworzy: 1

SKŁADNIKI:
- 2 szklanki wody
- ½ łyżeczki organicznego ekstraktu waniliowego
- ½ szklanki mleka kokosowego
- 1 szklanka niegotowanej czerwonej komosy ryżowej, opłukanej i osuszonej
- ¼ łyżeczki świeżej skórki z cytryny, drobno startej
- 10-12 kropli płynnej stewii
- 1 łyżeczka mielonego cynamonu
- ½ łyżeczki mielonego imbiru
- ½ łyżeczki mielonej gałki muszkatołowej
- Szczypta mielonych goździków
- 2 łyżki migdałów, posiekanych

INSTRUKCJE:
a) Wymieszaj komosę ryżową, wodę i ekstrakt waniliowy na patelni i zagotuj.

b) Zmniejsz ogień do małego i gotuj przez około 15 minut.

c) Dodaj mleko kokosowe, skórkę z cytryny, stewię i przyprawy na patelnię z komosą ryżową i wymieszaj.

d) Zdejmij komosę z ognia i od razu roztrzep ją widelcem.

e) Podziel mieszaninę komosy ryżowej równomiernie między miski do serwowania.

f) Podawać udekorowane posiekanymi migdałami.

20. <u>Lecznicza Herbata</u>

Porcje: 2 Porcje

SKŁADNIKI:
- 10 uncji wody
- 3 całe goździki
- 4 całe zielone strąki kardamonu, popękane
- 4 całe czarne ziarna pieprzu
- $\frac{1}{2}$ laski cynamonu
- $\frac{1}{4}$ łyżeczki czarnej herbaty
- $\frac{1}{2}$ szklanki mleka sojowego
- 2 plasterki świeżego korzenia imbiru

INSTRUKCJE:
a) Doprowadź wodę do wrzenia, a następnie dodaj przyprawy.
b) Przykryj i gotuj przez 20 minut przed dodaniem czarnej herbaty.
c) Po kilku minutach dodaj mleko sojowe i ponownie zagotuj.
d) Odcedzamy, dosładzamy miodem.

21. <u>Woda karczochowa</u>

Porcje: 2 Porcje

SKŁADNIKI:

● 2 karczochy, łodygi odcięte i przycięte

INSTRUKCJE:

a) Doprowadź duży garnek wody do wrzenia.

b) Dodaj karczochy i gotuj przez 30 minut.

c) Usuń karczochy i odłóż je na później.

d) Pozwól wodzie ostygnąć przed wypiciem jej filiżanki.

22. <u>Mleko ze złotych migdałów i kurkumy</u>

Porcje: 2 Porcje

SKŁADNIKI:
- $\frac{1}{8}$ łyżeczki kurkumy
- $\frac{1}{4}$ szklanki wody
- 8 uncji mleka migdałowego
- 2 łyżki surowego oleju migdałowego
- Miód do smaku

INSTRUKCJE:
a) Gotuj kurkumę w wodzie przez 8 minut.
b) Mleko migdałowe i olejek migdałowy zagotować.
c) Zdjąć z ognia, gdy tylko zacznie się gotować.
d) Wymieszaj dwie mieszaniny.
e) Posłodzić miodem.

PRZYSTAWKI I PRZEKĄSKI

23. Ukąszenia okry i ogórka

Robi: 4

SKŁADNIKI:

- 1½ funta okry, opłukanej, pozbawionej łodygi i pokrojonej wzdłużnie
- 1 ogórek pokrojony w plasterki
- 1 łyżeczka czerwonego chili w proszku
- ½ łyżeczki Ciepłej Mieszanki Przypraw
- 1 łyżeczka suchego proszku z mango
- 3 ½ łyżki mąki z ciecierzycy
- 2 szklanki oleju roślinnego
- 1 łyżeczka mieszanki przypraw Chaat
- Sól kuchenna, do smaku

INSTRUKCJE:

a) Połącz czerwone chili w proszku, mieszankę przypraw i suchy proszek z mango w misce.

b) Posyp okrę tą mieszanką.

c) Rozłóż mąkę z ciecierzycy na wierzchu okry.

d) Dokładnie wymieszaj, aby każdy kawałek był lekko i równomiernie pokryty.

e) Rozgrzej olej roślinny na głębokiej patelni do 370 °, aż zacznie dymić.

f) Dodaj okrę partiami i smaż w głębokim tłuszczu przez 4 minuty lub do momentu, aż się dobrze zrumieni.

g) Wyjąć łyżką cedzakową i odsączyć na papierowym ręczniku

h) Mieszanką przypraw posypać okrę i ogórka.

i) Wszystko razem mieszamy i doprawiamy solą.

24. <u>Słodkie ziemniaki z tamaryndą</u>

Robi: 4

SKŁADNIKI:

- 1 łyżka świeżego soku z cytryny
- 4 słodkie ziemniaki, obrane i pokrojone w kostkę
- $\frac{1}{4}$ łyżeczki czarnej soli
- $1\frac{1}{2}$ łyżki chutneyu z tamaryndowca
- $\frac{1}{2}$ łyżeczki nasion kminku, uprażonych i grubo rozgniecionych

INSTRUKCJE:

a) Gotuj słodkie ziemniaki przez 7 minut w osolonej wodzie, aż będą miękkie.

b) Odcedź i odstaw do ostygnięcia.

c) Połącz wszystkie składniki w misce miksera i delikatnie wymieszaj.

d) Podawać w miseczkach z wykałaczkami wbitymi w pokrojone w kostkę słodkie ziemniaki.

25. <u>Batony migdałowe</u>

Sprawia, że: 4 bary

SKŁADNIKI:

- $1\frac{1}{2}$ szklanki migdałów
- 3 daty
- 5 moreli, namoczonych
- 1 łyżeczka cynamonu
- $\frac{1}{2}$ szklanki wiórków kokosowych
- 1 szczypta kardamonu
- 1 szczypta imbiru

INSTRUKCJE:

a) W robocie kuchennym zmiel migdały na drobną mąkę.

b) Dodaj kokos i przyprawy i ponownie zmiksuj.

c) Dodaj daktyle i morele, aż dobrze się połączą.

d) Pokrój w prostokątne batoniki.

26. Figi Faszerowane Gruszki

Porcje: 2 porcje

SKŁADNIKI:

- 5 fig, namoczonych
- ½ łyżeczki cynamonu
- 1 szczypta gałki muszkatołowej
- ½ szklanki wody z moczenia fig
- 1 kawałek świeżego imbiru, startego
- 1 gruszka
- ¼ szklanki orzechów włoskich
- 2 łyżeczki soku z cytryny

INSTRUKCJE:

a) W robocie kuchennym zmiel orzechy włoskie.

b) Dodać figi i ponownie zmiksować.

c) Wymieszaj pozostałe składniki, aż dobrze się połączą.

d) Pokrój gruszkę i rozłóż mieszankę na wierzchu.

27. Kulki przyprawowe

Porcje: 10-15 kulek

SKŁADNIKI:

- 2 łyżeczki mielonych goździków
- $1\frac{1}{2}$ szklanki nasion słonecznika
- $\frac{1}{4}$ szklanki oleju kokosowego, roztopionego
- 2 łyżki cynamonu
- 1 niecała szklanka migdałów
- $1\frac{3}{4}$ szklanki rodzynek, namoczonych
- $\frac{1}{2}$ szklanki pestek dyni
- 2 łyżeczki mielonego imbiru
- szczypta soli

INSTRUKCJE:

a) W robocie kuchennym zmiksuj migdały, nasiona słonecznika i pestki dyni.

b) Po dodaniu przypraw i soli ponownie zmiksować.

c) Wymieszać z ciepłym roztopionym kokosem i rodzynkami, aż dobrze się połączą.

d) Uformować kulki i schłodzić.

28. <u>Selerowa przekąska</u>

Porcja: 1 porcja

SKŁADNIKI:

- $\frac{1}{4}$ szklanki orzechów włoskich, namoczonych i posiekanych
- 1 jabłko, pokrojone na kawałki wielkości kęsa
- 1 łodyga selera, pokrojona na małe kawałki

INSTRUKCJE:

a) Wymieszaj wszystkie składniki.

29. Kulki spiruliny

Porcje: 10-15 kulek

SKŁADNIKI:

- skórka otarta z cytryny z 2 cytryn
- 3 szklanki orzechów laskowych
- 1 łyżka spiruliny w proszku
- $1\frac{1}{2}$ szklanki rodzynek, namoczonych
- 2 łyżki oleju kokosowego

INSTRUKCJE:

a) W robocie kuchennym zmiel orzechy laskowe, aż będą drobno zmielone.

b) Dodać rodzynki i ponownie przetworzyć.

c) Dodaj olej kokosowy, skórkę z cytryny i spirulinę w proszku.

d) Uformować kulki wielkości kęsa.

30. Przekąska P, P i P

Porcja: 1 porcja

SKŁADNIKI:

- $\frac{1}{4}$ papai, posiekanej
- $\frac{1}{4}$ szklanki orzechów pekan, posiekanych
- 1 gruszka, posiekana

INSTRUKCJE:

a) Wszystkie składniki wrzucić do miski.

31. <u>Krakersy cebulowe</u>

Porcje: 3 Porcje

SKŁADNIKI:

- 1½ szklanki pestek dyni
- 1 czerwona cebula, pokrojona w drobną kostkę
- ½ szklanki siemienia lnianego, namoczonego w 1 szklance wody przez 4 godziny

INSTRUKCJE:

a) W robocie kuchennym zmiksuj pestki dyni, aż zostaną drobno posiekane.

b) Zmiksuj siemię lniane i czerwoną cebulę.

c) Rozłóż cienką i równą warstwę na pergaminie.

d) Suszyć przez 10 godzin, przewracając po 5 godzinach.

e) Pokroić na kawałki wielkości krakersa.

32. <u>Żółty kalafior, Sałatka Paprykowa</u>

Porcje: 2 porcje

SKŁADNIKI:

- szczypta soli
- 2 łyżki curry
- 1 żółta papryka
- 1 główka kalafiora, pokrojona na różyczki
- 1 łyżka oliwy z oliwek
- 2 łyżeczki soku z limonki
- $1\frac{1}{4}$ uncji pędów grochu
- $\frac{3}{4}$ szklanki nasion słonecznika
- 1 awokado

INSTRUKCJE:

a) W robocie kuchennym zmiksuj różyczki kalafiora, aż zostaną drobno posiekane.

b) Dodaj sok z limonki, sól, oliwę z oliwek i curry i miksuj, aż dobrze się połączą.

c) Umieść w misce.

d) Paprykę kroimy na kawałki i łączymy z kalafiorem, pędami grochu i pestkami słonecznika.

e) Podawać z plastrami awokado.

33. Przyprawiony Popcorn Kuchenny

Porcje: 10 porcji

SKŁADNIKI:

- 1 łyżka oleju
- 1 łyżeczka garam masali
- ½ szklanki niegotowanych ziaren popcornu
- 1 łyżeczka grubej soli morskiej

INSTRUKCJE:

a) Rozgrzej olej w głębokiej, ciężkiej patelni na średnim ogniu.

b) Wmieszaj ziarna popcornu.

c) Dusić 7 minut pod przykryciem.

d) Wyłącz ogrzewanie i pozostaw popcorn pod przykryciem na 3 minuty.

e) Dodaj sól i masala do smaku.

34. <u>Masala Papad</u>

Porcja: 6-10 wafli

SKŁADNIKI:

- 1 czerwona cebula, obrana i posiekana
- 2 pomidory, pokrojone w kostkę
- 1 łyżeczka chaat masali
- 1 opakowanie papadu kupionego w sklepie
- 1 zielone tajskie chili, usunięte łodygi, drobno pokrojone
- Czerwone chili w proszku lub cayenne do smaku
- 2 łyżki oleju

INSTRUKCJE:

a) Używając szczypiec, podgrzej jeden papad na raz na płycie kuchennej.

b) Umieść podpaski na tacy.

c) Delikatnie posmaruj każdy papad olejem.

d) Połącz cebulę, pomidory i chili w misce.

e) Umieść 2 łyżki mieszanki cebuli na każdym papadzie.

f) Posyp każdy papad Chaat Masala i czerwonym chili w proszku.

35. Prażone Orzechy Masala

Porcje: 4 Porcje

SKŁADNIKI:

- 2 szklanki surowych migdałów
- 1 łyżka garam masali
- 2 szklanki surowych nerkowców
- 1 łyżeczka grubej soli morskiej
- $\frac{1}{4}$ szklanki złotych rodzynek
- 1 łyżka oleju

INSTRUKCJE:

a) Rozgrzej piekarnik do 425 ° F z półką piekarnika w górnej pozycji.

b) W dużej misce wymieszaj wszystkie składniki z wyjątkiem rodzynek i mieszaj, aż orzechy zostaną równomiernie pokryte.

c) Umieść mieszankę orzechów na przygotowanej blasze do pieczenia w jednej warstwie.

d) Piecz przez 10 minut, delikatnie mieszając w połowie.

e) Pozostaw mieszaninę do ostygnięcia przez co najmniej 20 minut po dodaniu rodzynek.

36. <u>Prażone migdały i orzechy nerkowca z przyprawami</u> <u>Chai</u>

Porcje: 4 Porcje

SKŁADNIKI:

- 2 szklanki surowych migdałów
- ½ łyżeczki grubej soli morskiej
- 1 łyżka Chai Masala
- 2 szklanki surowych nerkowców
- 1 łyżka cukru trzcinowego lub brązowego
- 1 łyżka oleju

INSTRUKCJE:

a) Rozgrzej piekarnik do 425 ° F z półką piekarnika w górnej pozycji.

b) Połącz wszystkie składniki w misce do mieszania.

c) Umieść mieszankę orzechów na przygotowanej blasze do pieczenia w jednej warstwie.

d) Piecz przez 10 minut, mieszając w połowie.

e) Odstawić na 20 minut do ostygnięcia.

37. Pikantne Poppersy Z Ciecierzycy

Porcje: 4 Porcje

SKŁADNIKI:

- 2 łyżki oleju
- 1 łyżka garam masali
- 2 łyżeczki gruboziarnistej soli morskiej
- 4 szklanki ugotowanej ciecierzycy, opłukanej i odsączonej
- 1 łyżeczka czerwonego chili w proszku

INSTRUKCJE:

a) Rozgrzej piekarnik do 425 ° F z półką piekarnika w górnej pozycji.

b) W misce delikatnie wymieszaj wszystkie składniki.

c) Umieść przyprawioną ciecierzycę na blasze do pieczenia w jednej warstwie.

d) Piec przez 15 minut.

e) Delikatnie wymieszaj, aby ciecierzyca równomiernie się ugotowała i gotuj przez kolejne 10 minut.

f) Odstawić na 15 minut do ostygnięcia.

g) Doprawić czerwonym chili w proszku, pieprzem cayenne lub papryką.

38. <u>Pieczone Wegetariańskie Kwadraty</u>

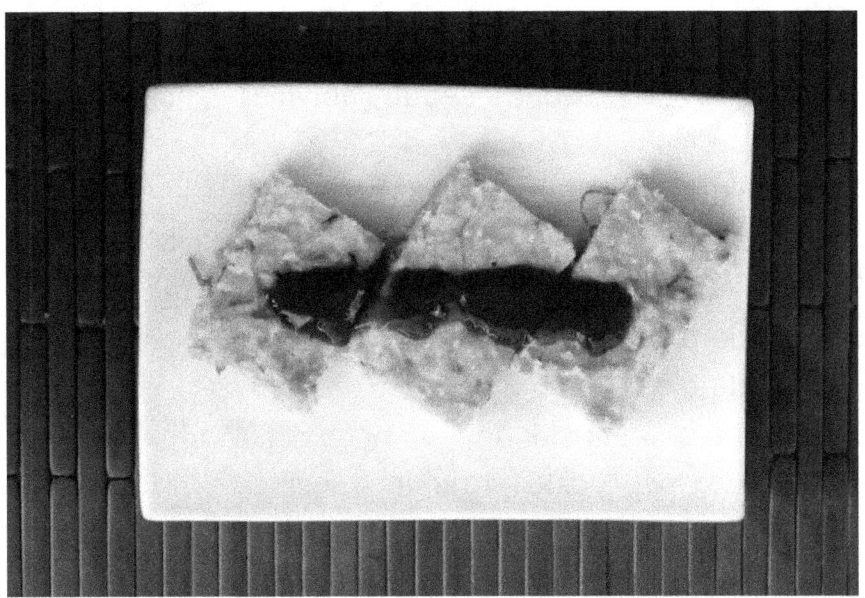

Sprawia: 25 kwadratów

SKŁADNIKI:

- 1 szklanka startego kalafiora
- $\frac{1}{2}$ żółtej lub czerwonej cebuli, obranej i pokrojonej w kostkę
- 2 szklanki startej białej kapusty
- 1 kawałek korzenia imbiru, obrany i starty lub posiekany
- 1 łyżeczka czerwonego chili w proszku lub cayenne
- $\frac{1}{4}$ łyżeczki proszku do pieczenia
- $\frac{1}{4}$ szklanki oleju
- 1 szklanka startej cukinii
- 4 zielone papryczki tajskie, serrano lub cayenne, posiekane
- $\frac{1}{4}$ szklanki posiekanej świeżej kolendry
- $\frac{1}{2}$ ziemniaka, obranego i startego na tarce
- 3 szklanki gram mąki
- $\frac{1}{2}$ 12-uncjowe opakowanie jedwabistego tofu
- 1 łyżka grubej soli morskiej
- 1 łyżeczka kurkumy w proszku

INSTRUKCJE:

a) Rozgrzej piekarnik do 350 stopni Fahrenheita.

b) Rozgrzej kwadratową formę do pieczenia.

c) W misce wymieszaj kapustę, kalafior, cukinię, ziemniaki, cebulę, korzeń imbiru, chili i kolendrę.

d) Mieszaj mąkę gramową powoli, aż dobrze się połączy.

e) Zmiksuj tofu w robocie kuchennym na gładką masę.

f) Do mieszanki warzywnej dodaj zmiksowane tofu, sól, kurkumę, czerwone chili w proszku, proszek do pieczenia i olej. Mieszać.

g) Wlej mieszaninę do przygotowanej formy do pieczenia.

h) Piec przez 50 minut.

i) Pozostaw do ostygnięcia na 10 minut przed pokrojeniem na kwadraty.

j) Podawaj z ulubionym chutneyem.

39. <u>Pikantne kotlety ze słodkich ziemniaków</u>

Porcja: 10 kotletów

SKŁADNIKI:

- $\frac{1}{2}$ szklanki gram mąki
- 1 słodki ziemniak, obrany i pokrojony w kostkę
- $\frac{1}{2}$ żółtej lub czerwonej cebuli, obranej i pokrojonej w drobną kostkę
- 1 łyżka soku z cytryny
- Posiekana świeża pietruszka lub kolendra do dekoracji
- 1 łyżeczka kurkumy w proszku
- 1 łyżeczka mielonej kolendry
- 1 łyżeczka garam masali
- 3 łyżki oleju, podzielone
- 1 kawałek korzenia imbiru, obrany i starty lub posiekany
- 1 łyżeczka nasion kminku
- 1 łyżeczka czerwonego chili w proszku lub cayenne
- 1 szklanka groszku, świeżego lub mrożonego
- 1 posiekana zielona tajska, serrano lub cayenne chile
- 1 łyżeczka grubej soli morskiej

INSTRUKCJE:

a) Gotuj ziemniaki na parze przez 7 minut lub do miękkości.
b) Delikatnie rozbij go tłuczkiem do ziemniaków.
c) Na płytkiej patelni na średnim ogniu rozgrzej 2 łyżki oleju.
d) Dodaj kminek i gotuj przez 30 sekund lub do momentu, aż zacznie skwierczeć.
e) Dodaj cebulę, korzeń imbiru, kurkumę, kolendrę, garam masala i czerwone chili w proszku.
f) Gotuj przez kolejne 3 minuty lub do miękkości.

g) Pozwól mieszaninie ostygnąć.

h) Gdy mieszanina ostygnie, dodaj ją do ziemniaków wraz z groszkiem, zielonymi papryczkami chilli, solą, gramową mąką i sokiem z cytryny.

i) Dokładnie wymieszaj rękami.

j) Uformuj z mieszanki kotlety i umieść je na blasze do pieczenia.

k) Podgrzej pozostałą 1 łyżkę oleju na ciężkiej patelni na średnim ogniu.

l) Smaż placki partiami po 3 minuty z każdej strony.

m) Podawać udekorowane świeżą pietruszką lub kolendrą.

DANIE GŁÓWNE: WARZYWA

40. <u>Pikantne Tofu I Pomidory</u>

Porcje: 4 Porcje

SKŁADNIKI:

- 2 łyżki oleju
- 1 łyżka nasion kminku
- 1 łyżeczka kurkumy w proszku
- 1 czerwona lub żółta cebula, obrana i posiekana
- 1 kawałek korzenia imbiru, obrany i starty lub posiekany
- 6 ząbków czosnku, obranych i startych lub posiekanych
- 2 pomidory, obrane i pokrojone
- 4 zielone papryczki tajskie, serrano lub cayenne, posiekane
- 1 łyżka koncentratu pomidorowego
- Dwa 14-uncjowe opakowania bardzo twardego organicznego tofu, pieczonego i pokrojonego w kostkę
- 1 łyżka garam masali
- 1 łyżka suszonych liści kozieradki, lekko zmiażdżonych ręcznie, aby uwolnić ich aromat
- 1 szklanka wody
- 2 łyżeczki gruboziarnistej soli morskiej
- 1 łyżeczka czerwonego chili w proszku lub cayenne
- 2 zielone papryki, pozbawione nasion i pokrojone w kostkę

INSTRUKCJE:

a) Rozgrzej olej w ciężkim garnku na średnim ogniu.
b) Dodaj kminek i kurkumę.
c) Gotuj przez 30 sekund lub do momentu, aż nasiona zaczną skwierczeć.
d) Dodaj cebulę, korzeń imbiru i czosnek.

e) Smaż, mieszając od czasu do czasu, przez 2 do 3 minut lub do lekkiego zbrązowienia.

f) Dodaj pomidory, chili, koncentrat pomidorowy, garam masala, kozieradkę, wodę, sól i czerwone chili w proszku.

g) Dusić bez przykrycia przez 8 minut.

h) Po dodaniu papryki smaż jeszcze 2 minuty.

i) Delikatnie złóż tofu.

j) Gotuj przez kolejne 2 minuty lub do całkowitego podgrzania.

41. <u>Kminkowy Hasz Ziemniaczany</u>

Porcje: 4 Porcje

SKŁADNIKI:

- 1 łyżka nasion kminku
- 1 łyżka oleju
- $\frac{1}{2}$ łyżeczki proszku z mango
- 1 zielona papryczka tajska, serrano lub cayenne, z usuniętymi łodygami, pokrojona w cienkie plasterki
- $\frac{1}{4}$ szklanki posiekanej świeżej kolendry, posiekanej
- 1 cebula, obrana i pokrojona w kostkę
- $\frac{1}{2}$ łyżeczki asafetydy
- $\frac{1}{2}$ łyżeczki kurkumy w proszku
- 1-częściowy korzeń imbiru, obrany i starty lub posiekany
- Sok z $\frac{1}{2}$ cytryny
- 3 ugotowane ziemniaki, obrane i pokrojone w kostkę
- 1 łyżeczka grubej soli morskiej

INSTRUKCJE:

a) Rozgrzej olej w głębokiej, ciężkiej patelni na średnim ogniu.

b) Dodaj kminek, asafetydę, kurkumę i proszek z mango.

c) Gotuj przez 30 sekund lub do momentu, aż nasiona zaczną skwierczeć.

d) Dodaj cebulę i korzeń imbiru i smaż przez kolejną minutę, ciągle mieszając, aby się nie przypaliły.

e) Dodaj ziemniaki i sól.

f) Gotuj, aż ziemniaki będą dokładnie rozgrzane.

g) Udekoruj chili, kolendrą i sokiem z cytryny na wierzchu.

h) Podawać z roti lub chlebem naan lub zawijanym w besan poora lub dosa.

42. <u>Hasz Ziemniaczany Z Gorczycy</u>

Porcje: 4 Porcje

SKŁADNIKI:

- 1 łyżka oleju
- 1 żółta lub czerwona cebula, obrana i pokrojona w kostkę
- 3 ugotowane ziemniaki, obrane i pokrojone w kostkę
- 1 łyżeczka kurkumy w proszku
- 1 zielona tajska, serrano lub cayenne chilli, usunięte łodygi, pokrojone w cienkie plastry
- 1 łyżeczka nasion gorczycy czarnej
- 1 łyżka podzielonego grama, namoczonego we wrzącej wodzie
- 10 liści curry, grubo posiekanych
- 1 łyżeczka grubej białej soli

INSTRUKCJE:

a) Rozgrzej olej w głębokiej, ciężkiej patelni na średnim ogniu.

b) Dodaj kurkumę, musztardę, liście curry i odsączony gram.

c) Gotuj przez 30 sekund, ciągle mieszając, aby uniknąć przywarcia.

d) Wmieszaj cebulę.

e) Smaż przez 2 minuty lub do lekkiego zrumienienia.

f) Dodaj ziemniaki, sól i chili.

g) Gotuj przez dodatkowe 2 minuty.

h) Podawać z roti lub chlebem naan lub zawijanym w besan poora lub dosa.

43. <u>Leczniczy groch i biała kapusta</u>

Porcja: 7 filiżanek

SKŁADNIKI:

- 1 łyżka nasion kminku
- 1 łyżeczka kurkumy w proszku
- 1 szklanka groszku, świeżego lub mrożonego
- 1 ziemniak, obrany i pokrojony w kostkę
- 1 łyżeczka mielonej kolendry
- 1 łyżeczka mielonego kminku
- $\frac{1}{2}$ żółtej lub czerwonej cebuli, obranej i pokrojonej w kostkę
- 3 łyżki oleju
- 1-częściowy korzeń imbiru, obrany i starty lub posiekany
- 6 ząbków czosnku, obranych i posiekanych
- 1-głowa biała kapusta, drobno posiekana
- $\frac{1}{2}$ łyżeczki czerwonego chili w proszku lub cayenne
- $1\frac{1}{2}$ łyżeczki soli morskiej
- 1 zielona tajska, serrano lub cayenne chile, usunięta łodyga, posiekana
- 1 łyżeczka mielonego czarnego pieprzu

INSTRUKCJE:

a) Połącz wszystkie składniki i gotuj na wolnym ogniu przez 4 godziny.

44. <u>Kapusta Z Gorczycą I Kokosem</u>

Porcje: 6 porcji

SKŁADNIKI:

- 12 liści curry, grubo posiekanych
- 1 łyżeczka grubej soli morskiej
- 2 łyżki całej, pozbawionej skórki czarnej soczewicy, namoczonej we wrzącej wodzie
- 2 łyżki oleju kokosowego
- 2 łyżki niesłodzonych wiórków kokosowych
- 1 główka białej kapusty, posiekanej
- $\frac{1}{2}$ łyżeczki asafetydy
- 1 tajskie, serrano lub cayenne chili, usunięte łodygi, pokrojone wzdłużnie
- 1 łyżeczka nasion gorczycy czarnej

INSTRUKCJE:

a) Rozgrzej olej w głębokiej, ciężkiej patelni na średnim ogniu.

b) Dodaj asafetydę, musztardę, soczewicę, liście curry i kokos.

c) Podgrzewaj przez 30 sekund lub do momentu, aż nasiona pękną.

d) Unikaj przypalania liści curry lub kokosa.

e) Ponieważ nasiona mogą wypaść, trzymaj w pobliżu pokrywkę.

f) Dodaj kapustę i sól.

g) Gotuj przez 2 minuty, często mieszając, aż kapusta zwiędnie.

h) Wmieszaj chilli.

i) Podawaj natychmiast, na ciepło lub na zimno, z roti lub naan.

45. <u>Fasola Szparagowa Z Ziemniakami</u>

Porcje: 5 porcji

SKŁADNIKI:
- 1 łyżeczka nasion kminku
- 1 ziemniak, obrany i pokrojony w kostkę
- ¼ szklanki wody
- ½ łyżeczki kurkumy w proszku
- 1 czerwona lub żółta cebula, obrana i pokrojona w kostkę
- 1-częściowy korzeń imbiru, obrany i starty lub posiekany
- 3 ząbki czosnku, obrane i starte lub posiekane
- 4 szklanki posiekanej fasolki szparagowej
- 1 łyżka oleju
- 1 tajskie, serrano lub cayenne chilli, posiekane
- 1 łyżeczka grubej soli morskiej
- 1 łyżeczka czerwonego chili w proszku lub cayenne

INSTRUKCJE:
a) Rozgrzej olej w ciężkim, głębokim garnku na średnim ogniu.
b) Dodaj kminek i kurkumę i gotuj przez 30 sekund lub do momentu, aż nasiona zaczną skwierczeć.
c) Dodaj cebulę, korzeń imbiru i czosnek.
d) Gotuj przez 2 minuty lub do lekkiego zbrązowienia.
e) Dodaj ziemniaki i gotuj, ciągle mieszając, przez kolejne 2 minuty.
f) Dodaj wodę, aby uniknąć przywierania.
g) Wmieszaj fasolkę szparagową.
h) Smaż, od czasu do czasu mieszając, przez 2 minuty.
i) Dodaj chili, sól i czerwony proszek chili do miski.
j) Dusić pod przykryciem przez 15 minut, aż fasola i ziemniaki będą miękkie.

46. <u>Bakłażan Z Ziemniakami</u>

Porcje: 6 porcji

SKŁADNIKI:

- 2 łyżki oleju
- ½ łyżeczki asafetydy
- 2 łyżeczki gruboziarnistej soli morskiej
- 1 pomidor, grubo posiekany
- 4 bakłażany ze skórką, grubo posiekane, z zdrewniałymi końcami
- 1 łyżka mielonej kolendry
- 2 posiekane chili tajskie, serrano lub cayenne
- 1 łyżeczka nasion kminku
- ½ łyżeczki kurkumy w proszku
- 1 kawałek korzenia imbiru, obrany i pokrojony w długie zapałki
- 4 ząbki czosnku, obrane i grubo posiekane
- 1 łyżka garam masali
- 1 ziemniak, ugotowany, obrany i grubo posiekany
- 1 cebula, obrana i grubo posiekana
- 1 łyżeczka czerwonego chili w proszku lub cayenne
- 2 łyżki posiekanej świeżej kolendry do dekoracji

INSTRUKCJE:

a) Rozgrzej olej w głębokiej, ciężkiej patelni na średnim ogniu.

b) Dodaj asafetydę, kminek i kurkumę.

c) Gotuj przez 30 sekund lub do momentu, aż nasiona zaczną skwierczeć.

d) Dodaj korzeń imbiru i czosnek.

e) Smaż przez kolejne 2 minuty lub do momentu, aż cebula i papryczki będą lekko brązowe.

f) Gotuj przez 2 minuty po dodaniu pomidora.
g) Wymieszaj bakłażana i ziemniaki.
h) Dodaj sól, garam masala, kolendrę i czerwone chili w
   proszku.
i) Dusić jeszcze 10 minut.
j) Podawaj z roti lub chlebem naan i posyp kolendrą.

47. **Brukselka Masala**

Porcje: 4 Porcje

SKŁADNIKI:
- 1 łyżka oleju
- 1 łyżeczka nasion kminku
- 2 szklanki Gila Masali
- 1 szklanka wody
- 4 łyżki kremu z orzechów nerkowca
- 4 szklanki brukselki, przycięte i przekrojone na pół
- 2 posiekane chili tajskie, serrano lub cayenne
- 2 łyżeczki gruboziarnistej soli morskiej
- 1 łyżeczka garam masali
- 1 łyżeczka mielonej kolendry
- 1 łyżeczka czerwonego chili w proszku lub cayenne
- 2 łyżki posiekanej świeżej kolendry do dekoracji

INSTRUKCJE:
a) Rozgrzej olej w głębokiej, ciężkiej patelni na średnim ogniu.
b) Dodaj kminek i gotuj przez 30 sekund lub do momentu, aż nasiona zaczną skwierczeć.
c) Dodaj leczniczy bulion z pomidorów, wodę, krem z orzechów nerkowca, brukselkę, chilli, sól, garam masala, kolendrę i czerwone chili w proszku.
d) Doprowadzić do wrzenia.
e) Gotuj przez 12 minut, aż brukselka zmięknie.
f) Posyp kolendrą.

48. _Grecki kalafior_

Tworzy: 2

SKŁADNIKI:

- ½ główki kalafiora, pokrojonego w kostkę
- 2 pomidory
- 1 ogórek, pokrojony w kostkę
- ½ czerwonej papryki, pokrojonej w kostkę
- ½ pęczka mięty
- ½ pęczka kolendry
- ½ pęczka bazylii
- ¼ szklanki szczypiorku
- 10 czarnych oliwek bez pestek
- ½ pudełka pędów słonecznika, około 1,5 uncji
- 1 łyżka oliwy z oliwek
- ½ łyżki soku z limonki

INSTRUKCJE:

a) Pulsuj kalafior w robocie kuchennym, aż będzie przypominał kuskus.

b) Połącz wszystko w misce, łącznie z oliwkami i kiełkami słonecznika.

c) Skrop olejem i odciśnij limonkę, a następnie wymieszaj.

49. __Kremowy makaron z cukinii__

Tworzy: 2

SKŁADNIKI:
- 1 uncja kiełkującego groszku
- 1 cukinia, pokrojona w julienne

KREMOWY SOS:
- $\frac{1}{2}$ szklanki orzeszków piniowych, mielonych
- 2 łyżki oliwy z oliwek
- 1 łyżka soku z cytryny
- 4 łyżki wody
- szczypta soli

INSTRUKCJE:
a) Umieść cukinię w misce i dopraw solą.

b) Dodać zmielone orzeszki piniowe.

c) Wymieszaj oliwę z oliwek, sok z cytryny, wodę i szczyptę soli.

d) Mieszaj, aż powstanie sos.

e) Sos rozprowadzić po cukinii.

f) Udekoruj pędami grochu.

50. <u>Cukinia Z Dyniowym Pesto</u>

Porcje: 2-3 porcje

SKŁADNIKI:
PESTO Z DYNI:

- ½ szklanki pestek dyni
- ⅜ szklanki oliwy z oliwek
- 1 łyżka soku z cytryny
- 1 szczypta soli
- 1 pęczek bazylii

BYCZY:

- 7 czarnych oliwek
- 5 pomidorków koktajlowych

INSTRUKCJE:

a) Zmiel pestki dyni na drobną mąkę w robocie kuchennym.

b) Wymieszaj oliwę z oliwek, sok z cytryny i sól, aż dobrze się połączą.

c) Wmieszać liście bazylii.

d) Połącz cukinię i pesto w misce, a następnie dodaj oliwki i pomidorki koktajlowe.

51. Koperkowy Pilaw z Cukinii

Sprawia, że: 4-6

SKŁADNIKI:

- $\frac{3}{4}$ szklanki białego ryżu basmati, wypłukanego i odcedzonego
- $\frac{1}{4}$ szklanki komosy ryżowej, wypłukanej i odcedzonej
- $\frac{1}{2}$ łyżki drobno posiekanego imbiru
- 2 szklanki startej cukinii
- $\frac{1}{2}$ szklanki posiekanego koperku
- 3 łyżki organicznego oleju kokosowego
- 2 szklanki wody
- Sól dla smaku

INSTRUKCJE:

a) Rozpuść olej kokosowy i smaż imbir przez 15 sekund, aż zacznie pachnieć.

b) Dodaj ryż i komosę ryżową i mieszaj przez 1 minutę.

c) Dodaj wodę, dobrze wymieszaj i pozwól, aby mieszanina się zagotowała. Dodać startą cukinię i wymieszać.

d) Dusić pod przykryciem przez 10-12 minut.

e) Dodaj koperek i sól do smaku, delikatnie mieszając widelcem.

f) Podawaj na ciepło.

52. Kuskus Cremini Pilaw

Tworzy: 2

SKŁADNIKI:

- 3 łyżki oliwy z oliwek, podzielone
- 14 uncji grzybów cremini, pokrojonych w plasterki
- 1 mała cebula, posiekana
- 2 łodygi selera, posiekane
- 1 średnia marchewka, posiekana
- $\frac{1}{4}$ szklanki białego wina
- 1 łyżka ostrego sosu
- $\frac{1}{2}$ łyżeczki mielonej kolendry
- $\frac{1}{2}$ łyżeczki mielonego kminku
- $\frac{1}{2}$ łyżeczki cebuli w proszku
- 1 szklanka suchego kuskusu
- 2 szklanki bulionu warzywnego
- $\frac{1}{2}$ łyżeczki soli
- $\frac{1}{4}$ łyżeczki pieprzu
- $\frac{3}{4}$ szklanki mrożonego groszku
- 1 łyżka świeżej pietruszki, posiekanej

INSTRUKCJE:

a) Na dużej patelni rozgrzej 1 łyżkę oliwy z oliwek na średnim ogniu.

b) Dodaj pokrojone grzyby i smaż, aż zaczną się rumienić, około 3 do 5 minut.

c) Zdjąć z patelni i odstawić.

d) Na tej samej patelni dodaj pozostałą oliwę z oliwek, posiekaną cebulę, seler i marchewkę.

e) Gotuj przez 3 do 5 minut, aż cebula będzie przezroczysta, a seler miękki.

f) Dodaj kolendrę, kminek i cebulę w proszku i wymieszaj z białym winem.

g) Dodaj kuskus i bulion warzywny, dopraw solą i pieprzem i dobrze wymieszaj.

h) Zmniejsz ogień i gotuj przez około 7 minut.

i) Dodaj ostry sos i mrożony groszek i kontynuuj gotowanie przez kolejne 3 minuty.

j) Wmieszać grzyby.

k) Udekoruj świeżą pietruszką i podawaj na ciepło.

53. Lecznicze risotto ze szparagami

Tworzy: 2

SKŁADNIKI:
- 1 cebula, pokrojona w kostkę
- 3 ząbki czosnku, pokrojone w kostkę
- 1 marchewka, starta
- Wywar warzywny
- 10 szparagów, pokrojonych
- 1 szklanka groszku, świeżego lub mrożonego
- 250 g ryżu arborio
- 1 łyżka oliwy z oliwek
- sól i pieprz do smaku
- świeże zioła

INSTRUKCJE:
a) W garnku doprowadzić bulion warzywny do lekkiego wrzenia.

b) Na patelni z szerokim dnem rozgrzej trochę oliwy z oliwek na średnim ogniu.

c) Umieścić na szczytach szparagów i lekko je smażyć, mieszając, przez 2 minuty.

d) Zdjąć z patelni, a następnie na tę samą patelnię dodać posiekaną cebulę i smażyć, aż będzie złota i przezroczysta.

e) Dodaj czosnek i marchewkę, smaż przez minutę lub dwie, następnie dodaj ryż i kawałki szparagów i dobrze wymieszaj.

f) Po minucie lub dwóch wlej połowę bulionu warzywnego i pozwól ryżowi wchłonąć płyny.

g) Zeskrob dno patelni z wszelkich pozostałości i dobrze wymieszaj ryż w płynie.

h) Zmniejsz ogień i pozwól risotto się zagotować i odparuj.

i) Mieszaj co kilka minut i w razie potrzeby dodaj więcej płynu.

j) Gotuj ryż jeszcze przez około 10 minut, aż ryż będzie prawie ugotowany, a następnie wymieszaj z groszkiem.

k) Świeży groszek potrzebuje tylko kilku minut na gotowanie.

l) W tym momencie twoje risotto jest prawie ugotowane.

m) Doprawiamy do smaku solą, pieprzem i posiekanymi świeżymi ziołami.

n) Podawać na gorąco z wierzchołkami szparagów, świeżymi ziołami i kilkoma kroplami oliwy z oliwek.

54. Bulgur Z Sosem Dyniowym

Porcja: 1 porcja

SKŁADNIKI:
DLA BUŁGURA

- 1,5 szklanki kaszy bulgur, namoczonej
- $\frac{1}{4}$ szklanki zielonej papryki, pokrojonej w drobną kostkę
- $\frac{1}{4}$ szklanki posiekanych liści selera

NA SOS DYNIOWY:

- $\frac{1}{2}$ szklanki ugotowanej na parze dyni
- 3 czubate łyżeczki gotowanych płatków owsianych
- 1 czubata łyżka drożdży odżywczych
- 2 łyżki kremowej wegańskiej tahini
- 1,5 łyżki soku z cytryny
- $\frac{1}{4}$ łyżeczki soli

INSTRUKCJE:

a) Umieść wszystkie składniki sosu w blenderze lub robocie kuchennym.
b) Dodaj sos do bulgar i wymieszaj z papryką i liśćmi selera.
c) Całość posyp świeżo mielonym czarnym pieprzem.

DANIE GŁÓWNE: ROŚLINY Strączkowe I Zboża

55. <u>Sałatka z roślin strączkowych</u>

Porcje: 6 porcji

SKŁADNIKI:

- 4 szklanki ugotowanej fasoli lub soczewicy
- 1 czerwona cebula, obrana i pokrojona w kostkę
- 1 pomidor, pokrojony w kostkę
- 1 ogórek, obrany i pokrojony w kostkę
- 1 daikon, obrany i starty
- 1 posiekana zielona tajska, serrano lub cayenne chile
- $\frac{1}{4}$ szklanki posiekanej świeżej kolendry, posiekanej
- Sok z 1 cytryny
- 1 łyżeczka grubej soli morskiej
- $\frac{1}{2}$ łyżeczki czarnej soli
- $\frac{1}{2}$ łyżeczki Chaat Masala
- $\frac{1}{2}$ łyżeczki czerwonego chili w proszku lub cayenne
- 1 łyżeczka świeżej białej kurkumy, obranej i startej

INSTRUKCJE:

a) W głębokiej misce wymieszaj wszystkie składniki.

56. Fasola Masala i Warzywa

Porcje: 5 porcji

SKŁADNIKI:

- 1 szklanka Gila Masali
- 1 szklanka pokrojonych warzyw
- 2 posiekane chili tajskie, serrano lub cayenne
- 1 łyżeczka garam masali
- 1 łyżeczka mielonej kolendry
- 1 łyżeczka prażonego mielonego kminku
- $\frac{1}{2}$ łyżeczki czerwonego chili w proszku lub cayenne
- $1\frac{1}{2}$ łyżeczki gruboziarnistej soli morskiej
- 2 szklanki wody
- 2 szklanki ugotowanej fasoli
- 1 łyżka posiekanej świeżej kolendry, do dekoracji

INSTRUKCJE:

a) Podgrzej Gila Masala w dużym, ciężkim rondlu na średnim ogniu, aż zacznie bulgotać.

b) Dodaj warzywa, chili, garam masala, kolendrę, kminek, czerwone chili w proszku, sól i wodę.

c) Gotuj przez 20 minut lub do momentu, aż warzywa zmiękną.

d) Dodaj fasolę.

e) Podawać udekorowane kolendrą.

57. <u>Sałatka Z Całej Fasoli Z Kokosem</u>

Porcje: 4 Porcje

SKŁADNIKI:

- 2 łyżki oleju kokosowego
- $\frac{1}{2}$ łyżeczki asafetydy
- 1 łyżeczka nasion gorczycy czarnej
- 10-12 liści curry, grubo posiekanych
- 2 łyżki niesłodzonych wiórków kokosowych
- 4 szklanki ugotowanej fasoli
- 1 łyżeczka grubej soli morskiej
- 1 papryczka tajska, serrano lub cayenne,

INSTRUKCJE:

a) Rozgrzej olej w głębokiej, ciężkiej patelni na średnim ogniu.

b) Dodaj asafetydę, musztardę, liście curry i kokos.

c) Podgrzewaj przez 30 sekund lub do momentu, aż nasiona pękną.

d) Dodaj fasolę, sól i chili.

e) Podawać po dokładnym wymieszaniu.

58. <u>Curry Fasola Lub Soczewica</u>

Porcje: 5 porcji

SKŁADNIKI:

- 2 łyżki oleju
- ½ łyżeczki asafetydy
- 2 łyżeczki nasion kminku
- ½ łyżeczki kurkumy w proszku
- 1 laska cynamonu
- 1 liść kasji
- ½ żółtej lub czerwonej cebuli, obranej i posiekanej
- 1-częściowy korzeń imbiru, obrany i starty lub posiekany
- 4 ząbki czosnku, obrane i starte lub posiekane
- 2 pomidory, obrane i pokrojone w kostkę
- 2-4 zielone tajskie, serrano lub cayenne chilli, posiekane
- 4 szklanki ugotowanej fasoli lub soczewicy
- 4 szklanki wody
- 1½ łyżeczki gruboziarnistej soli morskiej
- 1 łyżeczka czerwonego chili w proszku lub cayenne
- 2 łyżki posiekanej świeżej kolendry do dekoracji

INSTRUKCJE:

a) Rozgrzej olej w ciężkim rondlu na średnim ogniu.

b) Dodaj asafetydę, kminek, kurkumę, cynamon i liść kasji i gotuj przez 30 sekund lub do momentu, aż nasiona zaczną skwierczeć.

c) Dodaj cebulę i smaż przez 3 minuty lub do lekkiego zrumienienia.

d) Dodaj korzeń imbiru i czosnek.

e) Gotuj przez dodatkowe 2 minuty.

f) Dodaj pomidory i zielone chilli.
g) Dusić przez 5 minut lub do momentu, aż pomidory zmiękną.
h) Po dodaniu fasoli lub soczewicy gotuj jeszcze 2 minuty.
i) Dodaj wodę, sól i czerwone chili w proszku.
j) Doprowadź wodę do wrzenia.
k) Gotować przez 10 do 15 minut.
l) Podawać udekorowane kolendrą.

59. <u>Soczewica Z Liśćmi Curry</u>

Porcje: 6 porcji

SKŁADNIKI:
- 2 łyżki oleju kokosowego
- $\frac{1}{2}$ łyżeczki proszku asafetydy
- $\frac{1}{2}$ łyżeczki kurkumy w proszku
- 1 łyżeczka nasion kminku
- 1 łyżeczka nasion gorczycy czarnej
- 20 świeżych liści curry, grubo posiekanych
- 6 całych suszonych czerwonych papryczek chili, grubo posiekanych
- $\frac{1}{2}$ żółtej lub czerwonej cebuli, obranej i pokrojonej w kostkę
- 14-uncjowa puszka mleka kokosowego, lekkiego lub pełnotłustego
- 1 szklanka wody
- 1 łyżeczka Rasam Powder lub Sambhar Masala
- $1\frac{1}{2}$ łyżeczki gruboziarnistej soli morskiej
- 1 łyżeczka czerwonego chili w proszku lub cayenne
- 3 szklanki ugotowanej soczewicy
- 1 łyżka posiekanej świeżej kolendry, do dekoracji

INSTRUKCJE:
a) Rozgrzej olej na średnim ogniu.
b) Dodaj asafetydę, kurkumę, kminek, musztardę, liście curry i czerwoną papryczkę chilli.
c) Gotuj przez 30 sekund lub do momentu, aż nasiona zaczną skwierczeć.
d) Wmieszać cebulę.
e) Smaż przez około 2 minuty, często mieszając, aby się nie przypaliły.

f) Dodaj mleko kokosowe, wodę, Rasam w proszku lub Sambhar Masala, sól i czerwone chili w proszku.

g) Doprowadzić do wrzenia, a następnie gotować na wolnym ogniu przez 2 minuty lub do momentu, aż smaki połączą się z mlekiem.

h) Dodaj soczewicę.

i) Gotować przez 4 minuty.

j) Podawać udekorowane kolendrą.

60. <u>Kokosowe curry z soczewicy Goan</u>

149

Porcje: 6 porcji

SKŁADNIKI:

- 1 łyżka oleju
- ½ cebuli, obranej i pokrojonej w kostkę
- 1-częściowy korzeń imbiru, obrany i starty lub posiekany
- 4 ząbki czosnku, obrane i starte lub posiekane
- 1 pomidor, pokrojony w kostkę
- 2 zielone papryczki tajskie, serrano lub cayenne, posiekane
- 1 łyżka mielonej kolendry
- 1 łyżka mielonego kminku
- 1 łyżeczka kurkumy w proszku
- 1 łyżeczka pasty z tamaryndowca
- 1 łyżeczka cukru trzcinowego lub brązowego
- 1½ łyżeczki gruboziarnistej soli morskiej
- 3 szklanki wody
- 4 szklanki ugotowanej całej soczewicy
- 1 szklanka mleka kokosowego, zwykłego lub light
- Sok z ½ cytryny
- 1 łyżka posiekanej świeżej kolendry, do dekoracji

INSTRUKCJE:

a) Rozgrzej olej w dużym, ciężkim rondlu na średnim ogniu.
b) Dodaj cebulę i smaż przez 2 minuty, aż cebula się lekko zrumieni.
c) Dodaj korzeń imbiru i czosnek.
d) Gotuj jeszcze przez minutę.
e) Dodaj pomidory, chilli, kolendrę, kminek, kurkumę, tamaryndowca, jaggery, sól i wodę.
f) Doprowadzić do wrzenia, następnie zmniejszyć ogień do małego i przykryć przez 15 minut.
g) Dodaj soczewicę i mleko kokosowe.
h) Dodaj sok z cytryny i kolendrę do smaku.

61. Rośliny strączkowe Chana Masala

Porcje: 6 porcji

SKŁADNIKI:

- 2 łyżki oleju
- 1 łyżeczka nasion kminku
- ½ łyżeczki kurkumy w proszku
- 2 łyżki Chana Masala
- 1 żółta lub czerwona cebula, obrana i pokrojona w kostkę
- 1 kawałek korzenia imbiru, obrany i starty lub posiekany
- 4 ząbki czosnku, obrane i starte lub posiekane
- 2 pomidory, pokrojone w kostkę
- 2 zielone papryczki tajskie, serrano lub cayenne, posiekane
- 1 łyżeczka czerwonego chili w proszku lub cayenne
- 1 łyżka grubej soli morskiej
- 1 szklanka wody
- 4 szklanki ugotowanej fasoli lub soczewicy

INSTRUKCJE:

a) Rozgrzej olej w głębokiej, ciężkiej patelni na średnim ogniu.

b) Dodaj kminek, kurkumę i Chana Masala i gotuj przez 30 sekund lub do momentu, aż nasiona zaczną skwierczeć.

c) Dodaj cebulę i gotuj przez około minutę lub do miękkości.

d) Dodaj korzeń imbiru i czosnek.

e) Gotuj jeszcze przez minutę.

f) Dodaj pomidory, zielone chili, czerwone chili w proszku, sól i wodę.

g) Doprowadzić do wrzenia, a następnie gotować na wolnym ogniu przez 10 minut lub do połączenia się wszystkich składników.

h) Fasolę lub soczewicę gotujemy do miękkości.

62. <u>Wolno Gotowana Fasola I Soczewica</u>

Robi: 8

SKŁADNIKI:

- 2 szklanki suszonej fasoli lima, zebranej i umytej
- ½ żółtej lub czerwonej cebuli, obranej i grubo posiekanej
- 1 pomidor, pokrojony w kostkę
- 1 kawałek korzenia imbiru, obrany i starty lub posiekany
- 2 ząbki czosnku, obrane i starte lub posiekane
- 2 zielone papryczki tajskie, serrano lub cayenne, posiekane
- 3 całe goździki
- 1 łyżeczka nasion kminku
- 1 łyżeczka czerwonego chili w proszku lub cayenne
- łyżeczka gruboziarnistej soli morskiej
- ½ łyżeczki kurkumy w proszku
- ½ łyżeczki garam masali
- 7 szklanek wody
- ¼ szklanki posiekanej świeżej kolendry

INSTRUKCJE:

a) W wolnej kuchence połącz wszystkie składniki oprócz kolendry.

b) Gotuj na wysokim poziomie przez 7 godzin lub do momentu, gdy fasola rozpadnie się i stanie się kremowa.

c) Wyjmij goździki.

d) Udekoruj świeżą kolendrą.

63. <u>Chana i Split Moong Dal z płatkami pieprzu</u>

Porcje: 8 porcji

SKŁADNIKI:

- 1 szklanka podzielonego grama, zebranego i umytego
- 1 szklanka suszonej zielonej soczewicy ze skórką, zebranej i umytej
- ½ żółtej lub czerwonej cebuli, obranej i pokrojonej w kostkę
- 1-częściowy korzeń imbiru, obrany i starty lub posiekany
- 4 ząbki czosnku, obrane i starte lub posiekane
- 1 pomidor, obrany i pokrojony w kostkę
- 2 zielone papryczki tajskie, serrano lub cayenne, posiekane
- 1 łyżka plus 1 łyżeczka nasion kminku, podzielona
- 1 łyżeczka kurkumy w proszku
- 2 łyżeczki gruboziarnistej soli morskiej
- 1 łyżeczka czerwonego chili w proszku lub cayenne
- 6 szklanek wody
- 2 łyżki oleju
- 1 łyżeczka płatków czerwonej papryki
- 2 łyżki posiekanej świeżej kolendry

INSTRUKCJE:

a) W wolnej kuchence połącz rozdrobniony gram, zieloną soczewicę, cebulę, korzeń imbiru, czosnek, pomidor, chili, 1 łyżkę kminku, kurkumę, sól, czerwone chili w proszku i wodę.

b) Gotuj przez 5 godzin na wysokim poziomie.

c) Pod koniec smażenia na płytkiej patelni na średnim ogniu rozgrzej olej.

d) Wmieszaj pozostałą 1 łyżeczkę kminku.

e) Dodaj płatki czerwonej papryki, gdy olej się rozgrzeje.

f) Gotuj nie dłużej niż 30 sekund.

g) Wymieszaj soczewicę z tą mieszanką i kolendrą.

h) Podawać jako zupę.

64. Brązowy Ryż I Fasola Adzuki Dhokla

Sprawia, że: 2 tuziny kwadratów

SKŁADNIKI

- ½ szklanki brązowego ryżu basmati umytego i namoczonego
- ½ szklanki białego ryżu basmati umytego i namoczonego
- ½ szklanki całej fasoli adzuki ze skórką, umytą i namoczoną
- 2 łyżki podzielonego grama, namoczonego
- ¼ łyżeczki nasion kozieradki, namoczonych
- ½ 12-uncjowe opakowanie miękkiego, jedwabistego tofu
- Sok z 1 cytryny
- 1 łyżeczka grubej soli morskiej
- 1 szklanka wody
- ½ łyżeczki eno lub sody oczyszczonej
- ½ łyżeczki czerwonego chili w proszku, cayenne lub papryki
- 1 łyżka oleju
- 1 łyżeczka gorczycy brązowej lub czarnej
- 15-20 liści curry, grubo posiekanych
- 2 zielone papryczki tajskie, serrano lub cayenne, usunięte łodygi, pokrojone wzdłuż

INSTRUKCJE:

a) Połącz mieszankę ryżu i soczewicy, tofu, sok z cytryny, sól i wodę w blenderze, aż będą gładkie.

b) Wlać mieszaninę do dużej miski do mieszania.

c) Ciasto odstawić na 3 godziny.

d) Na dużej, kwadratowej patelni rozgrzej olej.

e) Posyp eno lub sodę oczyszczoną na dnie i delikatnie wymieszaj 2 lub 3 razy.

f) Rozłóż ciasto równomiernie na przygotowanej blaszce.

g) W podwójnym bojlerze wystarczająco dużym, aby pomieścić kwadratową patelnię, zagotuj trochę wody.

h) Delikatnie umieść kwadratową miskę w górnej części podwójnego bojlera.

i) Gotować na parze przez 15 minut pod przykryciem.

j) Wyjmij kwadratową patelnię z podwójnego bojlera.

k) Pokrój dhokla na kwadraty i ułóż je na talerzu w kształcie piramidy.

l) Posypać czerwonym chilli, pieprzem cayenne lub papryką.

m) Rozgrzej trochę oleju na patelni sauté na średnim ogniu

n) Wmieszaj nasiona gorczycy.

o) Dodaj liście curry i chili, gdy zaczną strzelać.

p) Wlać tę mieszaninę równomiernie na dhokla.

q) Podawaj natychmiast z dodatkiem mięty, kolendry lub kokosowego chutney.

65. <u>Fasola Mung i Ryż Z Warzywami</u>

Porcje: 4 Porcje

SKŁADNIKI:

- 4 ½ szklanki wody
- ½ szklanki całej fasoli mung, opłukanej
- ½ szklanki ryżu basmati, opłukanego
- 1 posiekana cebula i 3 ząbki czosnku posiekane
- ¾ szklanki drobno posiekanego korzenia imbiru
- 3 szklanki posiekanych warzyw
- 2 łyżki oleju arachidowego
- ¾ łyżki kurkumy
- ¼ łyżeczki suszonych, pokruszonych czerwonych papryczek chilli
- ¼ łyżeczki mielonego czarnego pieprzu
- ½ łyżeczki kolendry
- ½ łyżeczki kminku
- ½ łyżeczki soli

INSTRUKCJE:

a) Fasolę mung gotujemy we wrzątku, aż zacznie pękać.

b) Po dodaniu ryżu gotuj jeszcze 15 minut, od czasu do czasu mieszając.

c) Dodaj warzywa.

d) Na patelni rozgrzej olej arachidowy i podsmaż cebulę, czosnek i imbir, aż będą klarowne.

e) Dodaj przyprawy i gotuj dalej przez 5 minut, ciągle mieszając.

f) Połączyć z ugotowanym ryżem i fasolą.

66. Smażone Warzywa

Porcje: 4 Porcje

SKŁADNIKI:
- 3 szklanki posiekanych warzyw
- 2 łyżeczki startego imbiru
- 1 łyżeczka oleju
- $\frac{1}{4}$ łyżeczki asafetydy
- 1 łyżka sosu sojowego
- Świeże zioła

INSTRUKCJE:
a) Rozgrzej olej na patelni.

b) Mieszaj asafetydę i imbir przez 30 sekund.

c) Dodaj warzywa i smaż przez minutę, następnie dodaj odrobinę wody, przykryj i gotuj.

d) Dodaj sos sojowy, cukier i sól.

e) Gotuj pod przykryciem, aż prawie gotowe.

f) Zdejmij pokrywkę i kontynuuj gotowanie przez kilka minut.

g) Dodać świeże zioła.

67. <u>Hiszpańska ciecierzyca i makaron</u>

Robi: 4

SKŁADNIKI:

- 2 łyżki oliwy z oliwek
- 2 ząbki czosnku, posiekane
- $\frac{1}{2}$ łyżki wędzonej papryki
- 1 łyżka mielonego kminku
- $\frac{1}{2}$ łyżki suszonego oregano
- $\frac{1}{4}$ łyżki pieprzu cayenne
- Świeżo pęknięty czarny pieprz
- 1 żółta cebula
- 2 szklanki niegotowanego wegańskiego makaronu bezglutenowego
- 15-uncjowa puszka pokrojonych w kostkę pomidorów
- 15-uncjowa puszka ćwierć serc karczochów
- 19-uncjowa puszka ciecierzycy
- 1,5 szklanki bulionu warzywnego
- $\frac{1}{2}$ łyżki soli
- $\frac{1}{4}$ pęczka świeżej pietruszki, posiekanej
- 1 świeża cytryna

INSTRUKCJE:

a) Umieść czosnek na dużej patelni z oliwą z oliwek.

b) Dusić przez 2 minuty lub do momentu, aż warzywa będą miękkie i pachnące.

c) Na patelnię dodaj wędzoną paprykę, kminek, oregano, pieprz cayenne i świeżo zmielony czarny pieprz.

d) Mieszaj przyprawy w gorącym oleju przez kolejną minutę.

e) Na patelnię dodać cebulę, pokrojoną w kostkę.

f) Gotuj, aż cebula będzie miękka i przezroczysta.

g) Dodaj makaron i gotuj przez kolejne 2 minuty.

h) Odcedź ciecierzycę i serca karczochów, a następnie dodaj je na patelnię z pokrojonymi w kostkę pomidorami, bulionem warzywnym i pół łyżeczki soli.

i) Dodaj natkę pietruszki na patelnię, zachowując trochę do posypania gotowego dania.

j) Mieszaj wszystkie składniki na patelni, aż do równomiernego połączenia.

k) Doprowadzić do wrzenia, a następnie zmniejszyć gotowanie na wolnym ogniu przez 20 minut.

l) Zdejmij pokrywkę, spulchnij widelcem i udekoruj pozostałą posiekaną natką pietruszki.

m) Pokrój cytrynę na kliny i wyciśnij sok na każdą porcję.

68. __Makaron bez kopuły__

Porcje: 4 Porcje

SKŁADNIKI:

- 8 uncji makaronu gryczanego
- 14-uncjowa puszka serc karczochów, posiekana
- 1 garść świeżej mięty, posiekanej
- $\frac{1}{2}$ szklanki posiekanej zielonej cebuli
- 2 łyżki nasion słonecznika
- 4 łyżki oliwy z oliwek extra vergine

INSTRUKCJE:

a) Zagotuj garnek wody.

b) Gotuj makaron przez 8 do 12 minut, w zależności od wskazówek na opakowaniu.

c) Gdy makaron będzie gotowy, odcedzamy go i przekładamy do miski.

d) W misce wymieszaj karczochy, miętę, zieloną cebulę i nasiona słonecznika.

e) Skropić oliwą z oliwek i wymieszać.

69. **Risotto z Brązowego Ryżu**

Porcje: 4 Porcje

SKŁADNIKI:
- 1 łyżka oliwy z oliwek extra vergine
- 2 ząbki czosnku, posiekane
- 1 pomidor, posiekany
- 3 garści szpinaku baby
- 1 szklanka pieczarek, posiekanych
- 2 szklanki różyczek brokuła
- Sól i pieprz do smaku
- 2 szklanki ugotowanego brązowego ryżu
- Szczypta szafranu

SŁUŻYĆ
- Starty parmezan
- Płatki czerwonego chili

INSTRUKCJE:
a) Rozgrzej olej na patelni na średnim ogniu.
b) Podsmaż czosnek, aż zacznie się złocić.
c) Wymieszaj pomidory, szpinak, grzyby i brokuły wraz z solą i pieprzem; gotować, aż warzywa będą miękkie.
d) Wymieszaj ryż i szafran, pozwalając sokowi warzywnemu wsiąknąć w ryż.
e) Podawać na ciepło lub zimno, z płatkami parmezanu i czerwonej papryki.

70. <u>Quinoa Tabbouleh</u>

Porcje: 2 Porcje

SKŁADNIKI:

- $\frac{1}{2}$ szklanki ugotowanej komosy ryżowej
- 2 pęczki pietruszki, drobno posiekanej
- $\frac{1}{2}$ białej cebuli, pokrojonej w kostkę
- 1 pomidor, pokrojony w kostkę
- 1 łyżka oliwy z oliwek extra vergine
- Sok z 1 cytryny

INSTRUKCJE:

a) Wymieszaj quinoa, pietruszkę, cebulę i pomidor w misce.
b) Ubierz z oliwą z oliwek i sokiem z cytryny.
c) Mieszaj i ciesz się.

71. Kasza jaglana, ryż i granat

Porcje: 2 Porcje

SKŁADNIKI:

- 2 szklanki cienkiego pohe
- 1 szklanka dmuchanej kaszy jaglanej lub ryżu
- 1 szklanka wegańskiej maślanki
- ½ szklanki kawałków granatu
- 5 - 6 liści curry
- ½ łyżeczki nasion gorczycy
- ½ łyżeczki nasion kminku
- ⅛ łyżeczki asafetydy
- 5 łyżeczek oleju
- Cukier do smaku
- Sól dla smaku
- Świeży lub suszony kokos - posiekany
- Świeże liście kolendry

INSTRUKCJE:

a) Rozgrzej olej, a następnie dodaj nasiona gorczycy.

b) Dodaj nasiona kminku, asafetydę i liście curry, gdy wystrzelą.

c) Umieść pohe w misce.

d) Wymieszaj olejową mieszankę przypraw, cukier i sól.

e) Kiedy pohe ostygnie, połącz je z jogurtem, kolendrą i kokosem.

f) Podawać udekorowane kolendrą i wiórkami kokosowymi.

DANIE GŁÓWNE: CURRIE

72. Dyniowe Curry Z Pikantnymi Ziarnem

Porcje: 4 Porcje

SKŁADNIKI:

- 3 szklanki dyni – pokrojonej na kawałki
- $\frac{1}{4}$ łyżki nasion kozieradki
- $\frac{1}{4}$ łyżki nasion kopru włoskiego
- 2 łyżki oleju
- Szczypta asafetydy
- 5-6 liści curry
- $\frac{1}{2}$ łyżki startego imbiru
- Świeże liście kolendry
- 1 łyżka pasty z tamaryndowca
- $\frac{1}{2}$ łyżki nasion gorczycy
- $\frac{1}{2}$ łyżki nasion kminku
- 2 łyżki stołowe-suchy, mielony kokos
- 2 łyżki prażonych mielonych orzeszków ziemnych
- Sól i brązowy cukier lub jaggery do smaku

INSTRUKCJE:

a) W małym rondlu rozgrzej olej i dodaj ziarna gorczycy.

b) Dodaj kminek, kozieradkę, asafetydę, imbir, liście curry i koper włoski, gdy wystrzelą.

c) Smaż przez 30 sekund.

d) Dodaj dynię i sól.

e) Wlać pastę z tamaryndowca lub wodę zawierającą miąższ.

f) Dodaj jaggery i brązowy cukier.

g) Wymieszaj zmielony kokos i proszek z orzeszków ziemnych.

h) Gotuj jeszcze kilka minut.

i) Udekoruj kolendrą.

73. <u>Okra Curry</u>

Porcje: 4 Porcje

SKŁADNIKI:

- 2 szklanki okry, pokrojonej na jednocentymetrowe kawałki
- 2 łyżki startego imbiru
- 1 łyżka nasion gorczycy
- ½ łyżki nasion kminku
- 2 łyżki oleju
- Sól dla smaku
- Szczypta asafetydy
- 2-3 łyżki stołowe prażonych orzechów ziemnych w proszku
- Lisc kolendry

INSTRUKCJE:

a) W małym rondlu rozgrzej olej i dodaj ziarna gorczycy.

b) Kiedy zaczną strzelać, dodaj kminek, asafetydę i imbir.

c) Wymieszaj okrę i sól, aż będzie miękka.

d) Gotuj przez kolejne 30 sekund po dodaniu proszku z orzeszków ziemnych.

e) Przed podaniem udekoruj listkami kolendry.

74. <u>Curry Kokosowe Warzywne</u>

Porcje: 4 Porcje

SKŁADNIKI:

- Ziemniaki 2 wielkości, pokrojone w kostkę
- 1½ szklanki kalafiora, podzielonego na różyczki
- 3 pomidory r pokrojone na kawałki
- 1 Łyżki oleju
- 1 łyżka nasion gorczycy
- 1 łyżka nasion kminku
- 5-6 liści curry
- Szczypta Kurkumy
- 1 łyżka startego imbiru
- Świeże liście kolendry
- Sól dla smaku
- Świeży lub suszony kokos – posiekany

INSTRUKCJE:

a) Rozgrzać olej i wymieszać z gorczycą.

b) Dodaj pozostałe przyprawy i gotuj przez 30 sekund.

c) Dodaj kalafior, pomidor i ziemniaka, razem z odrobiną wody, przykryj i gotuj na wolnym ogniu do miękkości, od czasu do czasu mieszając.

d) Wymieszaj z kokosem, solą i liśćmi kolendry.

75. <u>Podstawowe warzywne curry</u>

Porcje: 4 Porcje

SKŁADNIKI:

- 250 g warzyw, posiekanych
- 1 łyżeczka oleju
- ½ łyżeczki nasion gorczycy
- ½ łyżeczki nasion kminku
- Szczypta asafetydy
- 4-5 liści curry
- ¼ łyżeczki kurkumy
- ½ łyżeczki kolendry w proszku
- Szczypta chili w proszku
- Tarty imbir
- Świeże liście kolendry
- Cukier/jaggery i sól do smaku
- Świeży lub suszony kokos

INSTRUKCJE:

a) Rozgrzać olej i wymieszać z gorczycą.
b) Dodaj kminek, imbir i pozostałe przyprawy, gdy zaczną strzelać.
c) Dodać warzywa i gotować do miękkości.
d) Dodaj trochę wody, przykryj garnek i gotuj na wolnym ogniu.
e) Dodaj cukier, sól, kokos i kolendrę po ugotowaniu warzyw.

76. <u>Curry z czarnej fasoli i kokosa</u>

Porcje: 4 Porcje

SKŁADNIKI:

- ½ szklanki czarnej fasoli, namoczonej przez noc
- 2 szklanki wody
- 1 Łyżki oleju
- 1 łyżka nasion gorczycy
- 1 łyżka nasion kminku
- 1 łyżka stołowa asafetydy
- 1 łyżka startego imbiru
- 5-6 liści curry
- 1 łyżka kurkumy
- 1 łyżka kolendry w proszku
- 2 pomidory, posiekane
- 2 łyżki stołowe prażonych orzechów ziemnych w proszku
- Świeże liście kolendry
- Świeży kokos, tarty
- Cukier i sól do smaku

INSTRUKCJE:

a) Ugotuj fasolę w szybkowarze lub garnku na kuchence.

b) W małym rondlu rozgrzej olej i dodaj ziarna gorczycy.

c) Dodaj nasiona kminku, asafetydę, imbir, liście curry, kurkumę i kolendrę w proszku, gdy wystrzelą.

d) Wymieszaj prażone orzeszki ziemne w proszku i pomidory.

e) Dodaj fasolę i wodę.

f) Kontynuuj mieszanie od czasu do czasu, aż jedzenie będzie dokładnie ugotowane.

g) Dopraw cukrem i solą, posyp liśćmi kolendry i wiórkami kokosowymi.

77. <u>Kalafiorowo Kokosowe Curry</u>

Porcje: 4 Porcje

SKŁADNIKI:
- 3 szklanki kalafiora – podzielonego na różyczki
- 2 pomidory-posiekana
- 1 łyżeczka oleju
- 1 łyżeczka nasion gorczycy
- 1 łyżeczka nasion kminku
- Szczypta Kurkumy
- 1 łyżeczka startego imbiru
- Świeże liście kolendry
- Sól dla smaku
- Świeży lub suszony kokos-rozdrobnione

INSTRUKCJE:
a) Rozgrzać olej i wymieszać z gorczycą.
b) Dodaj pozostałe przyprawy i gotuj przez 30 sekund.
c) Dodaj pomidory i gotuj przez 5 minut.
d) Dodaj kalafior i trochę wody, przykryj i gotuj, mieszając od czasu do czasu, aż zmięknie.
e) Dodaj kokos, sól i liście kolendry.

78. <u>Curry z kalafiora i ziemniaków</u>

Porcje: 4 Porcje

SKŁADNIKI:

- 2 szklanki kalafiora, podzielonego na różyczki
- Ziemniaki 2 wielkości, pokrojone w kostkę
- 1 łyżeczka oleju
- 1 łyżeczka nasion gorczycy
- 1 łyżeczka nasion kminku
- 5-6 liści curry
- Szczypta Kurkumy
- 1 łyżeczka startego imbiru
- Świeże liście kolendry
- Sól dla smaku
- Świeży lub suszony kokos – posiekany
- Sok z cytryny – do smaku

INSTRUKCJE:

a) Rozgrzać olej i wymieszać z gorczycą.

b) Dodaj pozostałe przyprawy i gotuj przez 30 sekund.

c) Dodaj kalafior i ziemniaki, razem z odrobiną wody, przykryj i gotuj na wolnym ogniu, aż prawie gotowe, od czasu do czasu mieszając.

d) Odkryć i gotować, aż warzywa będą miękkie, a woda odparuje.

e) Dodaj kokos, sól, liście kolendry i sok z cytryny.

79. Curry z ziemniaków, kalafiora i pomidorów

Porcje: 3-4 Porcje

SKŁADNIKI:

- 2 ziemniaki, pokrojone w kostkę
- 1½ szklanki kalafiora, podzielonego na różyczki
- 3 pomidory, pokrojone na kawałki
- 1 łyżeczka oleju
- 1 łyżeczka nasion gorczycy
- 1 łyżeczka nasion kminku
- 6 liści curry
- Szczypta Kurkumy
- 1 łyżeczka startego imbiru
- Świeże liście kolendry
- Sól dla smaku
- Świeży lub suszony kokos – posiekany

INSTRUKCJE:

a) Rozgrzać olej i wymieszać z gorczycą.
b) Dodaj pozostałe przyprawy i gotuj przez 30 sekund.
c) Dusić, od czasu do czasu mieszając.
d) Dodać kalafiora, pomidora, ziemniaki i wodę.
e) Wykończ kokosem, solą i liśćmi kolendry.

80. <u>Curry Mieszane Warzyw I Soczewicy</u>

Porcje: 4 Porcje

SKŁADNIKI:
- $\frac{1}{4}$ szklanki toor lub mung dal
- $\frac{1}{2}$ szklanki warzyw – pokrojonych
- 1 szklanka wody
- 2 łyżeczki oleju
- $\frac{1}{2}$ łyżeczki nasion kminku
- $\frac{1}{2}$ łyżeczki startego imbiru
- 5-6 liści curry
- 2 pomidory-posiekana
- Cytryna lub tamaryndowiec do smaku
- Jaggery do smaku
- $\frac{1}{2}$ soli lub do smaku
- sambhar masala
- Lisc kolendry
- Świeży lub suszony kokos

INSTRUKCJE:
a) W szybkowarze gotuj toor dal i warzywa przez 20 minut.
b) Na osobnej patelni rozgrzej olej i dodaj kminek, imbir i liście curry.
c) Gotuj przez 34 minuty po dodaniu pomidorów.
d) Dodaj mieszankę sambhar masala i warzywnego dal.
e) Doprowadzić do wrzenia przez minutę, a następnie dodać tamaryndowca lub cytrynę, jaggery i sól.
f) Gotuj przez kolejne 23 minuty.
g) Udekoruj wiórkami kokosowymi i kolendrą.

81. *Curry Pomidorowe*

Porcje: 4 Porcje

SKŁADNIKI:

- 250 g pomidorów, posiekanych
- 1 łyżeczka oleju
- ½ łyżeczki nasion gorczycy
- ½ łyżeczki nasion kminku
- 4-5 liści curry
- Szczypta Kurkumy
- Szczypta asafetydy
- 1 łyżeczka startego imbiru
- 1 ziemniak – ugotowany i rozgnieciony
- 1 do 2 łyżek prażonych orzechów ziemnych w proszku
- 1 łyżka suchego kokosa
- Cukier i sól do smaku
- Lisc kolendry

INSTRUKCJE:

a) W małym rondlu rozgrzej olej i dodaj ziarna gorczycy.

b) Dodaj kminek, liście curry, kurkumę, asafetydę i imbir.

c) Dodaj pomidora i mieszaj od czasu do czasu, aż się ugotuje.

d) Dodaj puree ziemniaczane, prażone orzeszki ziemne w proszku, cukier, sól i kokos.

e) Gotuj jeszcze 1 minutę.

f) Udekoruj listkami świeżej kolendry i podawaj.

82. <u>Curry z białej tykwy</u>

Porcje: 4 Porcje

SKŁADNIKI:

- 250 gramów białej tykwy
- 1 łyżeczka oleju
- ½ łyżeczki nasion gorczycy
- ½ łyżeczki nasion kminku
- 4-5 liści curry
- Szczypta Kurkumy
- Szczypta asafetydy
- 1 łyżeczka startego imbiru
- 1 do 2 łyżek prażonych orzechów ziemnych w proszku
- Brązowy cukier i sól do smaku

INSTRUKCJE:

a) W małym rondlu rozgrzej olej i dodaj ziarna gorczycy.

b) Dodaj kminek, liście curry, kurkumę, asafetydę i imbir.

c) Dodaj białą dynię i trochę wody, przykryj i gotuj, od czasu do czasu mieszając, aż dynia będzie miękka.

d) Po dodaniu prażonych orzechów ziemnych w proszku, cukru i soli gotuj jeszcze przez minutę.

83. <u>Curry Zimowy Melon</u>

Porcje: 3 Porcje

SKŁADNIKI:

- 2 łyżki oleju
- ½ łyżeczki asafetydy
- 1 łyżeczka nasion kminku
- ½ łyżeczki kurkumy w proszku
- 1 melon zimowy, ze skórką, pokrojony w kostkę
- 1 pomidor, pokrojony w kostkę

INSTRUKCJE:

a) Rozgrzej olej w głębokiej, ciężkiej patelni na średnim ogniu.

b) Dodaj asafetydę, kminek i kurkumę i gotuj przez 30 sekund lub do momentu, aż nasiona zaczną skwierczeć.

c) Dodaj zimowy melon.

d) Dodaj pomidora, gotuj przez 15 minut.

e) Zdejmij patelnię z ognia.

f) Dostosuj pokrywkę, aby całkowicie przykryła patelnię i odstaw na 10 minut.

84. <u>Curry inspirowane sambharem na płycie kuchennej</u>

Robi: 9

SKŁADNIKI:

- 2 szklanki ugotowanej fasoli lub soczewicy
- 9 szklanek wody
- 1 ziemniak, obrany i pokrojony w kostkę
- 1 łyżeczka pasty z tamaryndowca
- 5 szklanek warzyw pokrojonych w kostkę i pokrojonych w julienne
- 2 łyżki sambhar masali
- 1 łyżka oleju
- 1 łyżeczka proszku asafetydy
- 1 łyżka nasion gorczycy czarnej
- 5-8 całych suszonych czerwonych papryczek chili, z grubsza posiekanych
- 8-10 świeżych liści curry, grubo posiekanych
- 1 łyżeczka czerwonego chili w proszku lub cayenne
- 1 łyżka grubej soli morskiej

INSTRUKCJE:

a) Połącz fasolę lub soczewicę, wodę, ziemniaki, tamaryndowca, warzywa i Sambhar Masala w garnku na średnim ogniu.

b) Doprowadzić do wrzenia.

c) Gotuj przez 15 minut lub do momentu, aż warzywa zwiędną i zmiękną.

d) Rozgrzej olej na patelni na średnim ogniu.

e) Dodaj asafetydę i gorczycę.

f) Gdy tylko nasiona zaczną strzelać, dodaj czerwone papryczki chilli i liście curry.

g) Gotuj jeszcze 2 minuty, często mieszając.

h) Kiedy liście curry zaczną brązowieć i zwijać się, dodaj je do soczewicy.

i) Gotuj przez dodatkowe 5 minut.

j) Dodać sól i czerwone chili w proszku.

85. Pendżabska Curry Fasola i Soczewica

Robi: 7

SKŁADNIKI:

- 1 żółta lub czerwona cebula, obrana i grubo posiekana
- 1-częściowy korzeń imbiru, obrany i grubo posiekany
- 4 ząbki czosnku, obrane i pokrojone
- 2–4 zielone papryczki tajskie, serrano lub cayenne
- 2 łyżki oleju
- ½ łyżeczki asafetydy
- 2 łyżeczki nasion kminku
- 1 łyżeczka kurkumy w proszku
- 1 laska cynamonu
- 2 całe goździki
- 1 strąk czarnego kardamonu
- 2 pomidory, obrane i pokrojone w kostkę
- 2 łyżki koncentratu pomidorowego
- 2 szklanki ugotowanej soczewicy
- 2 szklanki ugotowanej fasoli
- 2 szklanki wody
- 2 łyżeczki gruboziarnistej soli morskiej
- 2 łyżeczki garam masali
- 1 łyżeczka czerwonego chili w proszku lub cayenne
- 2 łyżki posiekanej świeżej kolendry

INSTRUKCJE:

a) Zmiksuj cebulę, korzeń imbiru, czosnek i chili na wodnistą pastę w robocie kuchennym.

b) Rozgrzej olej w głębokiej, ciężkiej patelni na średnim ogniu.

c) Dodaj asafetydę, kminek, kurkumę, cynamon, goździki i kardamon na patelnię.

d) Gotuj przez 30 sekund lub do momentu, aż mieszanina zacznie skwierczeć.

e) Dodaj powoli pastę z cebuli.

f) Smaż do zrumienienia, około 2 minut, od czasu do czasu mieszając.

g) Dodaj pomidory, koncentrat pomidorowy, soczewicę i fasolę, wodę, sól, garam masala i czerwone chili.

h) Doprowadź mieszaninę do wrzenia, a następnie zmniejsz ogień do małego i gotuj dalej przez 10 minut.

i) Wyjmij całe przyprawy.

j) Podawać z kolendrą.

86. Curry ze szpinakiem, dynią i pomidorami

Robi: 4

SKŁADNIKI:

- 2 łyżki oleju kokosowego z pierwszego tłoczenia lub nierafinowanego
- ½ średniej żółtej cebuli, pokrojonej w kostkę
- 3 ząbki czosnku, posiekane
- 2 łyżki mielonego imbiru
- 2 łyżeczki żółtego curry w proszku, łagodna przyprawa
- 1 łyżeczka mielonej kolendry
- ¾ łyżeczki płatków czerwonej papryki, patrz przypis o przyprawie
- 4 szklanki pokrojonej w kostkę dyni piżmowej, pokrojonej w kostkę
- 14-uncjowa puszka pieczonych na ogniu zmiażdżonych pomidorów
- ⅔szklanka pełnotłustego mleka kokosowego
- ¾ szklanki wody
- 1 łyżeczka soli koszernej
- 4 do 5 filiżanek szpinaku baby
- 4 do 5 filiżanek ugotowanego brązowego ryżu

INSTRUKCJE:

a) Podgrzej garnek na średnim ogniu. Dodaj olej kokosowy, a następnie cebulę. Smaż cebulę przez około 2 minuty, aż zaczną mięknąć. Dodać czosnek i imbir i smażyć jeszcze minutę.

b) Dodać curry, kolendrę i płatki czerwonej papryki i wymieszać.

c) Dodaj pokrojoną w kostkę dynię piżmową, rozgniecione pomidory, mleko kokosowe, wodę i sól.

d) Przykryj garnek pokrywką i zagotuj wszystko.
e) Zmniejsz ogień do średniego i pozwól dyni gotować się przez 15 minut.
f) Po 15 minutach nakłuć widelcem kawałek dyni piżmowej, aby sprawdzić, czy jest miękka.
g) Wyłącz ogrzewanie. Dodaj szpinak baby i mieszaj curry, aż szpinak zacznie więdnąć.
h) Podawaj curry w miseczkach z dodatkiem brązowego ryżu lub ulubionego zboża.
i) W razie potrzeby posyp posiekanymi orzeszkami ziemnymi.

DESERY

87. <u>Mus z karobu z awokado</u>

Porcja: 1 porcja

SKŁADNIKI:

- 1 łyżka oleju kokosowego, roztopionego
- ½ szklanki wody
- 5 dat
- 1 łyżka proszku z karobu
- ½ łyżeczki mielonej laski wanilii 1 awokado
- ¼ szklanki malin, świeżych lub mrożonych i rozmrożonych

INSTRUKCJE:

a) W robocie kuchennym połącz wodę i daktyle.

b) Wymieszaj olej kokosowy, proszek z chleba świętojańskiego i zmieloną laskę wanilii.

c) Dodaj awokado i miksuj przez kilka sekund.

d) Podawać z malinami w misce.

88. Pikantna morwa i jabłka

Porcje: 2 Porcje

SKŁADNIKI:

- ½ łyżeczki kardamonu
- 2 jabłka
- 1 łyżeczka cynamonu
- 4 łyżki morwy

INSTRUKCJE:

a) Jabłka ścieramy na grubej tarce i mieszamy z przyprawami.
b) Dodaj morwy i pozostaw na pół godziny przed podaniem.

89. **Pikantne ciasto marchewkowe**

Robi: 4

SKŁADNIKI:
- $\frac{1}{4}$ szklanki oleju kokosowego, roztopionego
- 6 marchewek
- 2 czerwone jabłka
- 1 łyżeczka mielonej laski wanilii
- 4 świeże daktyle
- 1 łyżka soku z cytryny skórka z jednej cytryny, drobno starta
- 1 szklanka jagód goji

INSTRUKCJE:
a) Pokrój marchewki na kawałki i rozdrabniaj je w robocie kuchennym, aż zostaną grubo posiekane.
b) Wymieszaj jabłko, które zostało pokrojone na kawałki.
c) Dodaj pozostałe składniki i miksuj, aż dobrze się połączą.
d) Ciasto wyłożyć na talerz i schłodzić kilka godzin przed podaniem.
e) Na wierzchu jagody goji.

90. <u>Krem żurawinowy</u>

Porcja: 1 porcja

SKŁADNIKI:

- Awokado
- 1½ szklanki żurawiny, namoczonej
- 2 łyżeczki soku z cytryny
- ½ szklanki malin, świeżych lub mrożonych

INSTRUKCJE:

a) Wymieszaj awokado, żurawinę i sok z cytryny.
b) W razie potrzeby dodaj wodę, aby uzyskać kremową konsystencję.
c) Umieścić w misce i udekorować malinami.

91. Parfait z bananami, granolą i jagodami

Tworzy: 2

SKŁADNIKI:

- 1 łyżka cukru pudru
- $\frac{1}{4}$ szklanki niskotłuszczowej granoli
- 1 szklanka pokrojonych truskawek
- 1 banan
- 12-uncjowy wegański jogurt o smaku ananasa
- 2 łyżeczki gorącej wody
- 1 łyżka kakao, niesłodzonego

INSTRUKCJE:

a) W dwóch szklankach parfait ułóż warstwami jogurt wegański, pokrojone truskawki, pokrojone banany i muesli.

b) Kakao, cukier puder i wodę miksujemy na gładką masę.

c) Skropić każdym parfaitem.

92. <u>Chrupiące jagody i brzoskwinie</u>

Robi: 8

SKŁADNIKI:

- 6 filiżanek świeżych brzoskwiń, obranych i pokrojonych w plasterki
- 2 szklanki świeżych jagód
- ⅓ kubek z plusem ¼ szklanka jasnego brązowego cukru
- 2 łyżki mąki migdałowej
- 2 łyżeczki cynamonu, podzielone
- 1 szklanka bezglutenowych płatków owsianych
- 3 łyżki margaryny z oleju kukurydzianego

INSTRUKCJE:

a) Rozgrzej piekarnik do 350 stopni Fahrenheita.

b) Połącz jagody i brzoskwinie w naczyniu do zapiekania.

c) Łączyć ⅓ szklanka brązowego cukru, mąki migdałowej i 1 łyżeczka cynamonu.

d) Wrzuć brzoskwinie i jagody, aby się połączyły.

e) Wymieszaj bezglutenowe płatki owsiane, pozostały brązowy cukier i pozostały cynamon.

f) Pokrój margarynę na kruszonkę, a następnie posyp nią owoce.

g) Piec przez 25 minut.

93. <u>Brûlée z płatków owsianych</u>

Porcje: 6 porcji

SKŁADNIKI:

- 3 $\frac{1}{4}$ szklanki mleka migdałowego
- 2 szklanki bezglutenowych płatków owsianych
- 1 łyżeczka ekstraktu waniliowego
- 1 łyżeczka cynamonu
- 1 szklanka malin lub jagód do wyboru
- 2 łyżki orzechów włoskich, posiekanych
- 2 łyżki brązowego cukru

INSTRUKCJE:

a) Rozgrzej piekarnik do 350 ° F i wyłóż foremki na muffinki.

b) Zagotuj mleko migdałowe w rondlu; wymieszać z płatkami owsianymi i przykryć na 5 minut.

c) Dodać wanilię i cynamon i wymieszać do połączenia.

d) Napełnij każdą foremkę do muffinek do połowy płatkami owsianymi.

e) Przechowywać w lodówce przez 20 minut.

f) Udekoruj każdą filiżankę płatków owsianych jagodami, orzechami włoskimi i brązowym cukrem.

g) Smaż na złoty kolor, około 1 minuty.

94. Asortowane Jagody Granita

Robi: 4

SKŁADNIKI:

- ½ szklanki świeżych truskawek, obranych i pokrojonych w plasterki
- ½ szklanki świeżych malin
- ½ szklanki świeżych jagód
- ½ szklanki świeżych jeżyn
- 1 łyżka syropu klonowego
- 1 łyżka świeżego soku z cytryny
- 1 szklanka kostek lodu, pokruszonych

INSTRUKCJE:

a) Umieść jagody, syrop klonowy, sok z cytryny i kostki lodu w szybkoobrotowym blenderze i miksuj na wysokich obrotach, aż będą gładkie.

b) Przenieś mieszankę jagodową do naczynia do pieczenia, równomiernie rozprowadź i zamrażaj przez 30 minut.

c) Wyjmij z zamrażarki i dokładnie wymieszaj granitę widelcem.

d) Zamrażaj przez 2 godziny, mieszając co 30 minut.

95. <u>Wegańskie niesłodzone lody dyniowe</u>

Robi: 6

SKŁADNIKI:

- 15 uncji domowego puree z dyni
- ½ szklanki daktyli, wypestkowanych i posiekanych
- Dwie 14-uncjowe puszki niesłodzonego mleka kokosowego
- ½ łyżeczki organicznego ekstraktu waniliowego
- 1½ łyżeczki przyprawy do piernika
- ½ łyżeczki mielonego cynamonu

INSTRUKCJE:

a) Zmiksuj wszystkie składniki na gładko.

b) Zamrażaj do 2 godzin.

c) Wlać do maszynki do lodów i przetwarzać.

d) Zamrażaj przez kolejne 2 godziny przed podaniem.

96. Mrożony krem owocowy

Robi: 6

SKŁADNIKI:

- 14-uncjowa puszka mleka kokosowego
- 1 szklanka mrożonych kawałków ananasa, rozmrożonych
- 4 szklanki mrożonych plasterków banana, rozmrożone
- 2 łyżki świeżego soku z limonki
- szczypta soli

INSTRUKCJE:

a) Wyłóż szklane naczynie żaroodporne plastikową folią.

b) Zmiksuj wszystkie składniki na gładko.

c) Mieszanką równomiernie napełnić przygotowane naczynie żaroodporne.

d) Przed podaniem zamrozić na około 40 minut.

97. Budyń z awokado

Robi: 4

SKŁADNIKI:

- 2 szklanki bananów, obranych i posiekanych
- 2 dojrzałe awokado, obrane i posiekane
- 1 łyżeczka skórki z limonki, drobno startej
- 1 łyżeczka skórki z cytryny, drobno startej
- $\frac{1}{2}$ szklanki świeżego soku z limonki
- $\frac{1}{3}$ filiżanka miodu
- $\frac{1}{4}$ szklanki migdałów, posiekanych
- $\frac{1}{2}$ szklanki soku z cytryny

INSTRUKCJE:

a) Zmiksuj wszystkie składniki na gładko.

b) Wlej mus do 4 szklanek.

c) Przechowywać w lodówce przez 2 godziny przed podaniem.

d) Udekoruj orzechami i podawaj.

98. **Roladki z chili i orzechami włoskimi**

Porcje: 2-3 porcje

SKŁADNIKI:

- 2 marchewki, posiekane
- 1 łyżka soku z cytryny
- 5 arkuszy nori, pokrojonych w długie paski
- $1\frac{1}{2}$ szklanki orzechów włoskich
- $\frac{1}{2}$ szklanki kiszonej kapusty
- 5 suszonych pomidorów, namoczonych
- $\frac{1}{4}$-$\frac{1}{2}$ świeżego chili
- $\frac{1}{2}$ szklanki oregano, świeże
- $\frac{1}{4}$ czerwonej papryki

INSTRUKCJE:

a) W robocie kuchennym zmiel orzechy włoskie, aż zostaną grubo posiekane.

b) Zmiksuj marchewkę, suszone pomidory, chilli, oregano, pieprz i cytrynę.

c) Napełnij miskę do połowy dipem.

d) Do paska nori dodać 3 łyżki dipu orzechowego i kiszoną kapustę.

e) Zwiń to.

99. LeCznicza Szarlotka

Robi: 8

SKŁADNIKI:
NA JABŁKA:

- 8 jabłek, bez gniazd nasiennych, obranych i pokrojonych w cienkie plasterki
- 16 łyżek cukru kokosowego
- 2 łyżki mąki kukurydzianej
- 1 łyżeczka ekstraktu waniliowego
- 1 łyżeczka oleju kokosowego
- 1 łyżeczka mielonego cynamonu
- Szczypta soli morskiej do smaku

NA CIASTO:

- $1\frac{1}{4}$ szklanki mielonych migdałów
- $\frac{1}{4}$ szklanki oleju kokosowego
- $1\frac{1}{4}$ szklanki mąki bezglutenowej
- Woda w zależności od potrzeb

INSTRUKCJE:
NA JABŁKA:

a) Umieść jabłka, olej kokosowy, cukier kokosowy, wanilię, cynamon i sól na patelni z pokrywką.

b) Gotować na małym ogniu, od czasu do czasu mieszając, przez około 20 minut.

c) Rozpuść mąkę kukurydzianą w niewielkiej ilości wody w małej misce.

d) Dodaj mąkę kukurydzianą i mieszaninę wody i dobrze wymieszaj.

e) Gdy jabłka zgęstnieją, wyłącz ogień.

NA CIASTO:

f) Rozgrzej piekarnik do 180 stopni Celsjusza.

g) Połącz wszystkie składniki w dużej misce wraz z wodą, aż powstanie twarde ciasto.

h) Ciasto podzielić na dwie części i jedną połówkę przełożyć do wysmarowanej tłuszczem tortownicy. Palcami ostrożnie dociśnij go od spodu i po bokach naczynia.

i) Rozłóż arkusz papieru do pieczenia na blacie i użyj wałka do ciasta, aby rozwałkować pozostałe ciasto na okrągły kształt, wystarczająco duży, aby przykrył ciasto.

j) Gdy wszystko będzie gotowe, przenieś masę jabłkową do ciasta.

k) Teraz umieść górną warstwę ciasta na wierzchu ciasta.

l) Użyj palców, aby zabezpieczyć górną warstwę skórki na wierzchu skórki, dociskając wszystkie krawędzie wokół ciasta, upewniając się, że są odpowiednio uszczelnione.

m) Za pomocą noża wykonaj małe nacięcie na środku wierzchu ciasta.

n) Piecz przez około 30 minut, aż skórka ciasta będzie twarda w dotyku i złocistobrązowa.

 Makaroniki Kokosowo-Pomarańczowe

Robi: 14

SKŁADNIKI:

- 3 szklanki niesłodzonego wiórków kokosowych
- 4 łyżki nierafinowanego syropu trzcinowego
- 4 łyżki oleju kokosowego, roztopionego
- 1 łyżeczka wody z kwiatu pomarańczy
- Prażone migdały, do podania

INSTRUKCJE:

a) W robocie kuchennym zmiksuj kokos, aż zostanie rozbity na bardzo małe strzępy. Niech trochę tekstury.

b) Dodaj syrop, olej i wodę kwiatową. Blitz, aż dobrze się połączy.

c) Umieść mieszaninę w misce i wstaw do zamrażarki na 5-8 minut. Umożliwi to stwardnienie oleju kokosowego, dzięki czemu będziesz mógł pracować z mieszanką.

d) Podczas oczekiwania dodaj 10-12 migdałów do robota kuchennego i rozbij je na małe kawałki.

e) Na patelni dodaj 2 łyżeczki oleju kokosowego i podgrzej na małym-średnim poziomie, dodaj orzechy i praż przez kilka minut, aż zaczną pachnieć.

f) Przetestuj ciasto kokosowe, aby zobaczyć, czy pozostaje razem, gdy wyciskasz niewielką ilość w dłoni. Jeśli wszystko jest gotowe, ściśnij rękami małe kulki. Mieszanka jest delikatna.

g) Ułóż kulki na półmisku i udekoruj dżemem pomarańczowym i prażonymi migdałami.

WNIOSEK

Mamy nadzieję, że w miarę zbliżania się do końca książki Kuchnia ajurwedyjska: książka kucharska bardziej doceniłeś zasady gotowania ajurwedy i wiele korzyści, jakie może ona przynieść. Używając całych, naturalnych składników i przestrzegając ajurwedyjskich wskazówek dotyczących przygotowywania i łączenia pokarmów, możesz promować równowagę, zdrowie i dobre samopoczucie w ciele i umyśle.

Mamy również nadzieję, że przepisy zawarte w tej książce kucharskiej są zarówno pożywne, jak i smaczne. Od pocieszających kitchari po pikantne warzywne curry, te dania pokazują różnorodność i smak kuchni ajurwedyjskiej.

Chcielibyśmy podziękować za wybranie Ajurwedyjskiej kuchni: książki kucharskiej jako przewodnika po gotowaniu zgodnie z zasadami ajurwedy. Wierzymy, że ta starożytna praktyka ma wiele do zaoferowania we współczesnym świecie i mamy nadzieję, że ta książka pomogła ci odkryć nowe sposoby promowania zdrowia i równowagi w twoim życiu. Więc idź, eksperymentuj z kuchnią ajurwedyjską i ciesz się wieloma korzyściami, jakie ma do zaoferowania!

www.ingramcontent.com/pod-product-compliance
Lightning Source LLC
Chambersburg PA
CBHW071603030726

47593CB00001BA/291